Gabriel Palacios
Lass dich einfach geschehen

Gabriel Palacios

Lass dich einfach geschehen

Mit Einsicht in die Gelassenheit

Für meine Eltern, aus deren Liebe
wir Kinder entstehen durften.
Und für meine Familie, aus deren Liebe
wir Kinder wachsen durften.

Lektorat: Ulrike Gallwitz, Ebringen
Illustrationen: Gabriel Palacios, Bern
Umschlaggestaltung: werbemacher.ch gmbh, Thun
Umschlagabbildung: Remo Neuhaus, Rubigen
Layout und Satz: GGP Media GmbH, Pößneck
Druck und Bindung: GGP Media GmbH, Pößneck
ISBN: 978-3-906287-00-3

Inhaltsverzeichnis

Wenn ich noch ein letztes Mal zu dir sprechen könnte …

Papa, einige Zeit ist es her, als ich dich zuletzt sehen, fühlen und einfach genießen durfte. Mir ist bewusst, dass ich seither meist nur dann meine Hände faltete, den Kopf senkte und zu dir sprach, wenn ich Rat suchte, wenn ich Unterstützung brauchte oder ich dich einfach nur um Mut und Stärke bat. Und gar zu selten dankte ich dir abseits der Prüfungen, die mein Leben mir stellte. Wir alle – deine Kinder, und deine dich tief liebende und dir nach zwanzig Jahren stets treue Frau, die wir alle deinen wundervollen Namen tragen –, wir alle finden immer noch im Gedanken an dich und an ein mögliches Wiedersehen Halt und Hoffnung.

Ich möchte, dass du weißt: Es sind die guten Erinnerungen an dich, die bleiben, wenn ich zurückblicke. Erinnerungen an Momente wie der, als du neben mir vor dem Spiegel standest, wir beide Rasierschaum im Gesicht hatten, du mir einen Einwegrasierer mit Plastikschutz gabst und wir uns beide vor dem Spiegel rasierten. Ich war fünf und ich konnte nicht ahnen, dass mir nicht mehr viel Zeit mit dir bleiben würde. Oder der Moment als du am Steuer saßest, ich nebenan auf dem Schoß deiner Frau, die du so sehr liebtest, und du mir auf einer rar befahrenen Strecke gezeigt hast, wie du für wenige Sekunden freihändig Autofahren konntest und dabei sagtest: „Schau mal, das Auto weiß ganz von selbst, wo es hin will." In jenem Moment hast du gelacht und gestrahlt. Es ist kaum zu fassen, welche Liebe du uns allein in einem solchen Moment geben konntest.

Ich glaube nicht, dass ich mir vorstellen kann, wie unglaublich schmerzhaft es für dich gewesen sein muss, deine Kinder letztendlich so selten sehen zu dürfen. Und dennoch hast du uns allen so viel Liebe mitgegeben, die aus uns allen etwas Wunderbares gedeihen lassen konnte. Deine Entscheidung, nie mehr zurückzukehren, veränderte unser Leben. Deine Entscheidung zwang uns vorerst auf die Knie – doch wir alle standen auf und folgten dem Ruf der Vergebung.

Ich möchte, dass du weißt, dass genau die Täler, durch die wir gehen mussten, es waren, die uns formten und stärkten. Die Täler der Trauer, der Verzweiflung und der Hoffnungslosigkeit, die uns den Weg zu Glück und Ruhe bahnten. Denn nun verstehe ich, dass jedes noch so tragische Schicksal irgendwo eine Perle des Positiven birgt. Selbst wenn die Perle vielleicht nicht unmittelbar zu funkeln scheint, sondern vielmehr erst durch eine Botschaft zu erkennen ist – eine Botschaft, wie dieses Buch sie sein kann; eine Botschaft, die durch bloß ein Wort oder einen Gedanken im Leben eines anderen Menschen etwas Positives entstehen lassen kann. Denn du bist der Grund, weshalb ich Menschen mit meinen Worten helfen darf. Weil auch du der Grund dafür bist, dass ich eine Leidenschaft für die Welt der Gedanken entwickeln konnte. Schon sehr früh hast du mir gezeigt, wie sehr ein einziger Gedanke das Leben einer gesamten Familie verändern kann. Und so bist du auch der Grund, weshalb ich meine Erkenntnisse und Worte in Büchern verewige und damit Halt und Hoffnung spenden darf. Hättest du nicht getan, was du getan hast, so gäbe es diese Worte hier nicht. Hättest du nicht getan, was du getan hast, so würde ich wohl nicht derart vielen Menschen helfen können – weil mein gesamter Werdegang wohl ganz anders verlaufen wäre.

Ich weiß, dass Energie nicht verloren gehen kann und du demnach irgendwo in Form von Energie existieren musst. Nicht zuletzt auch in Form der Worte, die ich hier schreibe. Ich trage tief in mir den Wunsch, dass dich meine Worte erreichen können, und ich möchte mir diesen Wunsch gerne erfüllen, indem ich meine Worte mit möglichst viel Energie verbreite, in der Hoffnung, dass sie dich erreichen können. Und wenn sie dich erreichen, so möchte ich dir im Namen all deiner dich liebenden Kinder sagen – wir alle vermissen dich. Wir vermissen dich sehr. Wir alle lieben dich. Wir alle haben dir vergeben. Wir alle wissen, dass deine Entscheidung ein Antrag der bedingungslosen Liebe war. Danke für diese tiefe Vaterliebe und für die Liebe zwischen dir und deiner wunderschönen Frau, aus der wir, deine Kinder, entstehen durften. Wir kommen durch die Liebe und wir gehen durch die Liebe. Und ich verstehe, dass du all dies nur getan hast, weil du uns so sehr geliebt hast.

Dein dich immer liebender und dankbarer Sohn,
Gabriel

Die Göttlichkeit des Menschen

An dieser Stelle möchte ich dir, meiner Leserin und meinem Leser, herzlichst für dein Vertrauen in meine Worte und meine Perspektiven danken. Ich weiß es sehr zu schätzen, wenn ich Menschen, sei es im Rahmen meiner persönlichen Sitzungen und Veranstaltungen, oder auch im Rahmen meiner Bücher und CDs, zu neuen Perspektiven und zu mehr Gelassenheit verhelfen darf. Es ist die Erwartung, die ich in mich setze, all jenen Menschen, die in meinen Worten eine Antwort finden wollen, genau diese Antwort bieten zu können. Und solltest du während des Lesens dieser Zeilen ein Gefühl der Wärme, ein Gefühl des Verstandenwerdens, ein Gefühl der Freiheit und Gelassenheit verspüren, so ist genau die Energie, die ich in dieses Buch gesteckt habe, bei dir angekommen.

Es ist mein Ziel, aufzeigen zu können, dass wir Menschen – als sogenannte Vernunftwesen – einen Segen, jedoch zugleich einen Nachteil mit uns tragen. So leitet sich auch der Begriff Homo sapiens aus den lateinischen Worten homo „Mensch" und sapiens „vernunftbegabt" ab. Die Vernunft ermöglich es uns Menschen, rationale, komplexe Schlüsse zu ziehen; Gegebenheiten zu analysieren; übergreifend in neuen Perspektiven zu denken und Zusammenhänge zu erkennen. Wir beherrschen die artikulierte Sprache, können uns neue Sprachen aneignen und weisen ein reflektiertes wie auch die Möglichkeit zu einem rein fiktiven Denken auf. Mit unserer Vernunft schaffen wir neue Realitäten. Wir glauben, die Vernunft allein zeichne uns Menschen aus und hebe uns vom

Tierreich ab. Jedoch weiß die Wissenschaft, dass auch Tiere über bemerkenswerte Fähigkeiten und auch über eine bemerkenswerte Vernunft verfügen. So erwiesen beispielsweise Experimente mit Hunden, dass diese Hunderte von Worten zuordnen können und auch lernfähig sind hinsichtlich der Aneignung neuer Worte. Zudem beobachtet die Menschheit vermehrt, dass Tiere eine äußerst hohe Sensitivität aufweisen – so spüren Tiere sich anbahnende Naturkatastrophen, noch bevor von Menschen geschaffene Messgeräte diese eruieren können. Die Tiere verfügen folglich genauso über eine Vernunft, nur scheinen Menschen naturwissenschaftlich analytischer und reflektierender zu funktionieren – insbesondere aber zeichnet sich unsere Vernunft dadurch aus, dass wir Menschen nicht nur über ein intuitives Wissen verfügen, sondern dieses auch zu erklären versuchen.

Diese vermeintliche Vernunft bietet den Menschen scheinbar die Möglichkeit, sämtlichen Bedürfnissen nachgehen zu können. Es scheint beinahe so, als gäbe es für die meisten Fragen in unserer menschlichen Realität auch entsprechende Antworten. Umso schneller verlieren wir jedoch oft den Bezug zu uns selbst – den Bezug zu unserer Menschlichkeit. Wir verdrängen Ängste, ertränken sie in Süchten oder schlucken gar magische, rezeptpflichtige Pillen, die uns die Sorgen nehmen sollen, die uns den Verstand zu rauben scheinen.

Doch würden wir mal in uns hineinblicken und erkennen, dass all die Sorgen und all die unangenehmen Gefühle, die in uns sitzen, einen Ursprung in negativen Erfahrungswerten finden, und würde es uns gelingen, diese Erfahrungen, die Gefühle und die Gedanken neu zu bewerten, so stünde unserer Gelassenheit nichts im Wege. Wir alle schaffen unsere Welt nach unseren Gedanken – ebenso unsere Sorgen.

Wir alle haben die Aufgabe zu erkennen, dass ein Leben ohne Sorgen, ein Leben ohne negative Gedanken und negative Gefühle eine Utopie darstellt. Es ist eine Illusion zu glauben, wir könnten von heute an für den Rest unseres Lebens ausschließlich glücklich sein, wenn wir nur jeweils das Richtige tun würden. Wir bauen uns selbst einen enormen Druck mit dem Gedanken auf, dass wir zu jedem Zeitpunkt immer das Richtige tun müssen, um glücklich und erfüllt zu sein. Zudem bin ich der Meinung, dass es das „Richtige", wie wir dies verstehen, so nicht gibt. Auch dies ist eine Illusion. Richtigkeit ist etwas, was uns in der Schule eingebläut wird. Für jede mathematische Rechnung gibt es dort eine einzige Lösung. Und wenn diese nicht stimmt, so ist vielleicht irgendwo im Lösungsweg ein Fehler. Dies ist jedoch in keiner Weise kompatibel mit unserem Leben. In unserem Leben gibt es keine mathematischen Lösungswege. Es gibt keine Folgefehler. Es gibt nicht nur eine korrekte Lösung. Jede Lösung, jeder Lösungsweg, ja selbst jeder Fehler hat seine positiven Seiten. Sprechen wir jedoch von Fehlern im Verhalten, die sehr schädliche Folgen haben, so verstehe ich, dass diese Art Fehler nicht einfach schönzureden sind. Insbesondere dann, wenn daraus extrem negative Konsequenzen entstehen. In solchen Fällen ist eine tief geistige, meist gar spirituelle Auseinandersetzung mit den Energien gefordert, die im Zusammenhang mit den Geschehnissen aufkommen. Ich spreche aus eigener Erfahrung: In eigenen Schicksalsschlägen waren im Moment des Geschehens einfach keine Richtigkeit zu finden. Und dennoch galt es, das Geschehene zu akzeptieren.

Wir sollten uns aneignen, in der Akzeptanz negativer Gedanken und Gefühle im Leben eine innere Ruhe zu finden. In der Akzeptanz der Polarität und im Verständnis, dass es ganz normal ist, dass jede und jeder von uns auch negative Gedanken und Gefühle in sich trägt. Die einen häufiger, die anderen etwas seltener. Die einen intensiver, die anderen etwas gemäßigter. Und wer es versteht, das Grundgesetz der Polarität so anzuwenden, dass in allen Gegebenheiten die Perle des Positiven gefunden werden kann, der wird in sich eine Ruhe und ein Gefühl der Freiheit finden können.

Wir alle sind der Beweis für die Existenz der Polarität. Denn wir alle sind der Beweis für die Existenz von etwas äußerst Positivem: Liebe. Wir alle sind aus ihr heraus entstanden – durch die innige Verbundenheit und Hingabe zweier Menschen. Wir sind der Nachweis dafür, dass es überall – unabhängig wo – stets zwei sich bedingende Gegensätze geben muss, damit einer der beiden Begriffe überhaupt existieren kann. Denn damit wir überhaupt entstehen konnten, bedurfte es einer männlichen wie aber auch einer weiblichen Fruchtbarkeit. Wir alle sind ein Produkt der Polarität.

Nichts in unserem Universum kann ohne Gegensatz existenziell sein. Wie könnte ein Berg entstehen, wenn es keine Täler geben dürfte. Wie könnte es den Tag geben, wenn es keine Nacht gäbe. Wie könnte es Frieden geben, wenn es keine Auseinandersetzungen auf unserer Welt gäbe. Die Kirche schuf Himmel und Hölle. Es gibt das Göttliche ebenso wie das teuflische. Physiker entdeckten, dass es nicht nur Materie gibt, sondern auch Antimaterie. Auch jedes einzelne Atom existiert nur dank dem Gesetze der Polarität. Jedes Atom besteht aus positiv geladenen Teilchen – Protonen – sowie aus negativ geladenen Teilchen, den Elektronen. Doch es gibt auch neutrale Teilchen – die Neutronen. Auch dies ist ein existenzieller Zustand, den es zu akzeptieren gilt: die Neutralität. Eine Art Ruhe, eine Art Enthaltsamkeit, die belebt werden darf.

Doch wie würde sich ein Leben anfühlen, dem man negative wie positive Momente entziehen würde – das eben „neutral" wäre? Für mich ist dies ein ähnlich beängstigender Gedanke wie jener der physischen Unsterblichkeit. Wie könnte das Leben existieren, gäbe es keinen Tod? Und dennoch sehnen sich die Menschen nach der physischen Unsterblichkeit – dem physisch unendlichen Leben, im Glauben, es würde sich toll anfühlen.

Es ist ganz normal, dass sich der Mensch nach dem ausschließlich Positiven sehnt – letztendlich ist dies auch die Energie, die uns antreibt.

Doch wir alle müssen lernen, eines zu verstehen: Würde man irgendwo die Polarität zerstören oder verhindern – würde man bei zwei sich bedingenden Gegensätzen einen der beiden verschwinden lassen –, so würde dies unserem Glück im Wege stehen. Auch ich wünsche mir, es wäre möglich auf unserem Planeten nur das Positive und Schöne erleben zu dürfen.

Es gilt die Polarität zu akzeptieren. Sie ist das Normalste auf der Welt – und sogar darüber hinaus, denn selbst Götter sind polar. So gibt es den römischen Gott des Krieges – Mars – ebenso wie die römische Göttin des Friedens – Pax. In der griechischen Mythologie verkörpern die Gottheiten Ares und Eirene diesen Gegensatz. Folglich wäre gemäß Mythologie die Polarität selbst dann existenziell, wären wir göttlich. Geschweige denn, wenn wir uns als Menschen bekennen und akzeptieren wollen. Und ist es uns möglich, die Stärke von uns Menschen einzusetzen – die Vernunft –, um vor diesem Hintergrund unseren Gedanken neue Perspektiven zu ermöglichen, so finden wir auch den Weg in die Gelassenheit.

Der Titel dieses Buches ist folglich ein Appell an uns Menschen, genau diese Ressource zu verwenden, um zu erkennen, dass wir uns das Leben oft selbst schwerer machen als es wäre – aufgrund der bloßen Tatsache, dass wir es hervorragend verstehen, unsere eigene Realität nach unseren Gedanken zu basteln.

Doch gelingt es uns, uns einfach gehen zu lassen und unser Unterbewusstsein mittels Einsatz unserer Vernunft zu beruhigen – negative Gefühle und negative Gedanken zu besänftigen –, so werden wir genau diesen Weg in die Gelassenheit finden können.

Sich geschehen zu lassen, heißt nicht, nichts zu tun. Sich geschehen zu lassen, heißt nicht, seine Fehler wegzudenken oder nicht aus Fehlern zu lernen. Sich geschehen zu lassen, bedeutet auch nicht, alle Verantwortung an eine höhere Gewalt, das Schicksal oder einen Lebensplan abzugeben. Nein. Es bedeutet, die notwendige Einsicht zu erlangen, um Gelassenheit zu schaffen – für sich und sein Umfeld. Aus Fehlern lernen zu dürfen. Verantwortung für sich und sein Umfeld zu übernehmen und das zu tun, was sich gut anfühlt, für sich und die Menschen, die einem lieb sind.

Sich geschehen zu lassen, bedeutet auch, anzunehmen, was es zu akzeptieren gilt, weil es nicht mehr zu ändern ist. Und darin mithilfe einer neuen Denkweise eine Gelassenheit und eine innere Ruhe finden zu können. Denn nach dem Grundgesetz der Polarität gibt es immer irgendwo eine beruhigende, positivere Perspektive, die es uns ermöglicht, uns mit Einsicht geschehen zu lassen. Zu dieser Einsicht und Denkweise möchte ich dir gerne verhelfen. Ich möchte Impulse geben, die dir dabei helfen, dein Leben und dein Dasein in allen Facetten anzunehmen und mit Gelassenheit geschehen zu lassen.

Ich freue mich auf unsere gemeinsame Zeit.

Lass dich einfach geschehen … du hast es verdient.

Wie ich mich geschehen ließ

Bevor ich dich in das Reich meiner Erkenntnisse mitnehme, möchte ich mich dir gerne vorstellen, damit du ein noch besseres Verständnis dafür erlangen kannst, weshalb ich schreibe, was ich schreibe. Mein Name ist Gabriel Palacios. Ich bin ein Mensch. Das heißt, ich musste das meiste von dem, was ich heute tue, lernen. Außer atmen und schlafen – dies wurde mir einfach so in die Wiege gelegt. Ich musste jedoch lernen, zu essen, zu gehen, nicht mehr in die Windeln zu machen, mich auszudrücken, mir Manieren anzueignen und noch vieles mehr. Seit ich auf diesem Planeten bin, lerne ich – und erkenne darin eine Faszination, die mich kaum mehr aufhalten kann. Ich schätze unsere Möglichkeit sehr, bis zu unserem letzten Atemzug lernen zu dürfen.

Einer meiner frühesten Lernprozesse fand statt, noch bevor ich über all dies reflektieren konnte. Es war der Lernprozess des Vertrauens. Ich kam als siebtes Kind meiner Mutter Beatrix Palacios und als viertes Kind meines Vaters Antonio Palacios am 28.11.1989 per Kaiserschnitt zur Welt. Ich wurde, nachdem die mehrfach um meinen Hals gewickelte Nabelschnur gelöst worden war, wohl liebevoll aus dem Bauch meiner Mutter herausgehoben. Aus der Geborgenheit und der Verbundenheit zu meiner Mutter musste ich mich unwillkürlich in die Hände der Ärzte geben – und wurde hierbei, wie Milliarden anderer Menschen zum ersten Mal mit der Verbundenheit zu anderen Menschen konfrontiert. Etwas Wundervolles. Denn wenn wir Menschen lernen, dann voneinander – und das selten ohne soziale Interaktionen.

Kurz darauf lernte ich, dass man mir hilft, auch wenn ich dies damals wohl noch nicht in dieser Weise verstehen konnte. Ich hatte beidseitige Hüftdysplasie. Man installierte an beiden meiner Oberschenkel Schienen, welche dafür sorgen sollten, dass meine Hüftgelenke eingerenkt blieben.

Da ich zudem während meinen ersten Lebensmonate merkwürdige Atemaussetzer hatte und jeweils im Anschluss nicht mehr eigenständig zu atmen begann, musste ich über Monate hinweg ständig kontrolliert werden. Meine Mutter hatte unheimliche Energien mobilisiert, um sich gegen den Willen sämtlicher Ärzte durchzusetzen und mich nach Hause mitnehmen zu können. Sie musste einen entsprechenden medizinischen Atemüberwachungsapparat für zu Hause organisieren und kommunizierte dafür sogar mit Übersee. Bis dahin war sie jeden Tag bei mir im Spital. Sie ging abends so spät, wie sie nur durfte, und kam morgens so früh, wie erlaubt war.

Als ich dann letztendlich zu Hause war, mussten meine Geschwister die entsprechenden Rehabilitationsmaßnahmen lernen, für den Fall, dass ich nicht mehr atmen würde. Dazu hingen an sämtlichen Türen bei uns zu Hause Blätter mit Instruktionen, sodass im Notfall die entsprechenden Schritte sofort einsehbar gewesen wären.

Bis zu meinem siebten Lebensjahr hatte ich zudem eigenartige Affektanfälle, für welche die Ärzte jedoch damals keine greifbaren, vergleichbaren Erfahrungswerte hatten. Ein Gedanke konnte genügen, um einen solchen Anfall auszulösen. Ich atmete jeweils nicht mehr und wurde für mehrere Minuten bewusstlos, bis der Krampf sich jeweils löste und ich nach und nach wieder zurückkam ins Hier und Jetzt. Die Ärzte kannten ähnliche Fälle, jedoch genügten sogar Daten ähnlicher Fälle aus Übersee nicht, um mögliche Vergleiche anzustellen, da die Anfälle, die mich heimsuchten, in einer drastisch hohen Anzahl kommen konnten. So war es durchaus möglich, dass ich über zwanzigmal täglich ohnmächtig wurde. Diese Anfälle waren für meine Eltern, wie meine Mutter mir später sagte, „ein Sterben und wiedergeboren werden". Es muss für sie als Eltern unerträglich gewesen sein, mitansehen zu müssen, wie ihr Kind nicht mehr atmet, sondern nur noch leblos da liegt. Doch sie hatten dies anzunehmen und zu akzeptieren – ebenso wie den Gedanken, dass ich vielleicht irgendwann nicht mehr zurückkommen würde.

Meine Erinnerungen an das, was ich während der Anfälle sehen konnte, sind eigenartigerweise immer noch präsent. Ich kann sie abrufen. Ich erinnere mich daran, dass während der Bewusstlosigkeit immer wieder Ähnliches für mich erkennbar war. Beinahe wie ein Traum, der immer wieder auftaucht. Nur war das, was ich während meiner Bewusstlosigkeit jeweils sehen konnte, sehr intensiv. Es war sehr genau. Beinahe so, als wäre ich dort gewesen. Ich sah immer wieder eine ausgetrocknete Wiese und ein Gelände – etwas, das einem hölzernen Zaun ähnelte. Und ich erkannte, dass ich eine Aufgabe hatte. Ich fühlte, dass ich diese Aufgabe zu erfüllen hatte – konnte aber nie sagen, worin genau meine Aufgabe bestand.

Besonders spannend finde ich, dass ich meine heutige Aufgabe darin finde, Menschen, die im Leben nicht von selbst dorthin kommen, wo sie hin möchten, den Weg fernab des Bewusstseins zu weisen. Mit meiner Arbeit als Hypnosetherapeut lehre ich die Menschen, wie sie das Bewusstsein für einen kurzen Moment zur Seite schieben können, und einmal nur dem Unterbewusstsein folgen können. Und heute weiß ich auch, dass die Bilder und Eindrücke, die ich während der Ohnmachtsanfälle hatte, unterbewusster Natur waren.

Viele Menschen, die diese Anfälle von außen mitansehen mussten, wollten den Rettungsdienst rufen. Oftmals brach sogar eine Art Hysterie bei jenen aus, die einen solchen Anfall mitbekommen hatten.

Meine älteren Geschwister hatten sich deshalb schon ein paar standardisierte Sätze zurechtgelegt, die sie sagen konnten, damit die Leute keinen Rettungswagen riefen.

Die Ärzte wie auch das psychologische Fachpersonal waren sich einig: Ich würde aufgrund des ständigen Sauerstoffmangels während meiner Ohnmachtsanfälle mit hoher Wahrscheinlichkeit erhebliche, hirnorganische Schäden davontragen. Meine Familie wurde auf das Schlimmste vorbereitet.

Als ich dann mit nicht mal drei Jahren zu einem psychologischen Test gebeten wurde, zeigte mir die Psychologin eine Zeichnung, auf der ein Auto ohne Räder zu sehen war. Dabei hielt sie einen Schreibblock und einen Stift in ihren Händen, um sich entsprechende Notizen zu machen. Sie fragte mich – und daran habe ich tatsächlich noch eine bruchstückhafte Erinnerung – was auf diesem Bild fehle. So griff ich ganz frech nach ihrem Stift, riss ihn ihr aus der Hand und zeichnete zwei Kreise unter die Karosserie des Wagens. Da eine solche motorische Leistung noch gar nicht meinem Entwicklungsstadium hätte entsprechen sollen, meinte die Psychologin abschließend, es erwecke beinahe den Eindruck, als hätte ich mit jedem Anfall umso mehr Hirnzellen dazugewonnen.

Und auch in den folgenden Jahren musste ich, da die Anfälle immer noch nicht abnahmen, zahlreiche neurologische Tests über mich ergehen lassen. So kann ich selbst heute noch Einstichstellen von Nadeln erkennen, die in mein Fleisch gebohrt wurden, um aus medizinischer Sicht eine Erkenntnis zu gewinnen. Doch es wurde nie etwas Verwertbares gefunden. So wurde ich von den Ärzten schließlich selbst vor ihren Studenten als unerklärbarer Fall abgebucht, was ich auch verstehe. Ich schätze es sehr, dass man mir damals helfen wollte. Letztendlich war dies die Zielsetzung. Leider nur war ich eben durch all die Tests Suggestionen ausgesetzt, die mich wissen ließen, dass mit mir etwas nicht in Ordnung sei. Sehr lange noch gab ich mir diese Suggestionen dann auch selbst. Ich gab mir selbst den Glauben, mit mir sei etwas nicht normal.

Ich hatte das Glück, in einer von viel Liebe getragenen Familie aufwachsen zu dürfen. So ist mir heute gewiss, dass mich meine Eltern und meine Geschwister rückblickend mit einer optimalen Mischung aus Zuwendung und Anreiz zur Autonomie beschenkt haben. Denn zu viel Besorgnis hätte wohl mein subjektives Gefühl, dass ich nicht normal sei, verstärkt. Ebenso hätte zu wenig Zuwendung wohl dazu geführt, dass ich mich zu wenig verbunden gefühlt hätte. Ich jedoch fühlte mich umsorgt, geborgen und zugleich frei. Man gab mir den Glauben an mich. Man gab mir das Vertrauen in mich. Und diese unbeschreibliche Liebe meiner Eltern und Geschwister ließ mich wachsen. Sie sorgte dafür, dass ich eigenständig sehr viele autogene Kräfte aktivierte und den Ehrgeiz gewann, gegen diese unkontrollierbaren Anfälle anzukämpfen und ihnen zu beweisen, dass nicht sie mich kontrollierten, sondern vielmehr ich die Kontrolle über sie haben konnte.

Bei meiner heutigen Arbeit ist die schon so früh in meiner Kindheit gemachte Erkenntnis immer noch von größter Bedeutung. Denn heute kann ich meine Klienten mit einem maximalen Maß an Empathie lehren, wie sie ihrer Sucht, ihrer Angst oder ihrer Blockade eigenständig entgegenwirken und diese kontrollieren können.

Dieser starke Drang zur Autonomie bewirkte, dass ich alles, was ich bei meinen älteren Geschwistern sah, auch schon können wollte. Ich wollte gehen können, als ich das noch gar nicht hätte können sollen. Ich wollte kochen können, als dies noch niemand von mir forderte. Ich habe bereits in der Grundschule meine Kleider selber gewaschen und getrocknet. Und ich konnte bereits vor der Einschulung schreiben. Da ich die Lehrer nicht überfordern wollte, traf ich mit meiner Mutter die Abmachung, dass ich mir nicht anmerken ließ, dass ich bereits lesen und schreiben konnte, als ich in die erste Schulklasse kam. Doch allmählich bemerkte meine damalige Lehrerin, dass etwas eigenartig war an meiner Art zu lesen und zu schreiben. So kam sie mir letztendlich auf die Schliche, dass ich ständig nur vortäuschte, ich könnte nicht gut lesen. In Wahrheit kannte ich bereits alle Buchstaben und konnte auch alles lesen, da ich schon vor der Einschulung, wie meine älteren Geschwister, hatte lesen können wollen.

So war ich schon als Kind so eingestellt, dass ich andere Menschen nicht unnötig belasten und ihre Pläne nicht auf den Kopf stellen wollte. Und so wollte ich auch meiner damaligen Lehrerin das Gefühl geben, sie habe all ihren Schülern Lesen und Schreiben beigebracht.

Ich werde auch im Weiteren immer wieder meine eigenen Erfahrungen mit den Erkenntnissen verknüpfen, die ich mit dir teilen möchte. Ich will so verdeutlichen, wie ich zu meinen Erkenntnissen kam. Denn ich finde, dass das, was das Leben schreibt, das, was wir selbst erfahren, in keinem Schulbuch dieser Welt stehen kann.

Und vielleicht findest du in manchen meiner Erzählungen ja etwas, das eine Ähnlichkeit zu deinen eigenen Erfahrungen und Erlebnissen aufweist. Und wenn du dadurch ebenfalls Erkenntnisse erlangen kannst, die auch dir und deinem Entwicklungsprozess dienen können, so habe ich mein Ziel erreicht – im Willen, dass du dein Ziel erreichst.

Zudem befindet sich auf der beiliegenden Audio-CD ein Verfahren, von mir eingelesen, mit Hilfe dessen ich dich zusätzlich dabei unterstützen möchte, die Gelassenheit erfahren zu dürfen, die du dir wünschst. Es würde mich sehr freuen, wenn ich dir durch meine möglichst nahe Präsenz zu der gedanklichen Freiheit verhelfen kann, die jede und jeder verdient hat. Denn was gibt es Schöneres, als durch die Verbundenheit auf unserem Planeten, durch all die Liebe, Fürsorge und Warmherzigkeit Gutes für einander zu tun. Und ein Gefühl zu erlangen, ein Gefühl, sich einfach geschehen lassen zu dürfen und bedingungslos aufgefangen zu werden.

Im Auge des Hurrikans

Wir sind Zeugen des Wunders der Natur und alle ein Teil der Natur zugleich. Wir Menschen funktionieren allesamt wie eine eigene, sich selbst versorgende und harmoniebedürftige Mutter Natur. So reinigt sich mitunter unser Körper ebenso von selbst, wie dies unsere Natur tut. Unser Körper regeneriert sich von selbst und entwickelt mit der Zeit eine ganz eigene, auf jede Situation adaptierte Intelligenz; wie dies auch die Natur tut.

So gibt uns unser Körper – als Teil unserer körperlichen Intelligenz – mitunter Zeichen, die uns wissen lassen, dass sich ein verheerender Sturm anbahnen könnte. Vorwarnungen, wie wir sie auch in der Natur antreffen. Und gar oft zeigt sich eine solche Sturmwarnung bei uns Menschen in Form von affektiven Erscheinungen: ein Gefühl der Schwere, der Leere oder des Drucks im Bauchbereich oder möglicherweise auch im Brust- oder Halsbereich. Ein psychosomatisches Erscheinungsbild. Das heißt, ein körperliches Alarmsignal, das von unserer Psyche ausgesendet wird und uns die Sicherheit bieten soll, die jede Alarmanlage auf dieser Welt bieten will: Die Möglichkeit, sich zu schützen.

Wie in der Natur beispielsweise Vögel einen Sturm ankündigen, so warnt uns unser Unterbewusstsein – als Teil der Natur – vor potenziellen Gefahren. Es warnt uns mittels unangenehmer Gefühle. Wird die Gefahr gesichtet und ein entsprechendes Gefühl von unserem Warnsystem ausgesendet, so verbarrikadieren wir uns in unseren Kellern und schützen uns vor dem Hurrikan, der sich auf uns zubewegt. Wir warten in unseren Kellern ab, bis die Luft rein ist, und warten doch lieber etwas länger als eigentlich notwendig, um ganz sicher zu gehen, dass der Hurrikan bereits über uns weggezogen ist.

Wenn wir dann jedoch den Keller verlassen, die Tür öffnen und von der Helligkeit der Sonne geblendet werden und feststellen müssen, dass eine blühende, unversehrte Natur vor uns liegt und weit und breit keine Verwüstung eines Sturmes zu sehen ist, so erfüllt uns ein Gefühl der Erleichterung. Zugleich jedoch auch ein Gefühl der Frustration, dass wir uns vom Warnsystem derart täuschen ließen und den falschen Alarm nicht frühzeitig erkannt haben.

Viele unserer negativen Gedanken und negativen Gefühle entsprechen lediglich Illusionen. Es sind Fehlalarme unseres Unterbewusstseins. Für diese Täuschungen gibt es jedoch auch Gründe: Erfahrungen. Jeder Mensch sammelt im Laufe seines Lebens Erfahrungen. Erfahrungen, die sich gut anfühlen, wie aber auch Erfahrungen, die sich schlecht anfühlen. Diese Erfahrungen werden gerne auch als sogenannte Ressourcen bezeichnet. So gibt es positive Ressourcen ebenso wie negativ behaftete Ressourcen. Erfahrungen, mit denen man eher negative Gedanken und Gefühle in Verbindung bringt.

Natürlich gibt es auch die Annahme, dass gewisse Ressourcen genetisch seit Abertausenden von Jahren überliefert wurden. Wie beispielsweise die Grundangst, aus sozialen Gruppierungen ausgeschlossen zu werden. Oder die Angst, sich vor einer Ansammlung von Menschen eine Blöße zu geben. Die Angst, verlassen zu werden, sowie die Angst, alleine zu sein. Auch diese Ängste dienten den Menschen früher einmal zum Schutz. Denn vor anderen Menschen Schwäche zu zeigen, aus sozialen Gruppierungen ausgeschlossen zu werden, verlassen zu werden und alleine sein zu müssen, stellte zu früheren Zeiten ein Todesurteil dar.

Heute ist dem nicht mehr wirklich so. Wir erleben, wie es Prominente durch ihr polarisierendes Auftreten förmlich provozieren, sich eine Blöße zu geben, und genau dafür sogar angehimmelt werden. Menschen, die absichtlich absurde Mode tragen, sehr polarisierende Musik produzieren oder öffentlich provozierende Aussagen machen, erregen zwar teils immer noch Aufsehen damit, jedoch riskieren sie nur sehr selten ihren Kopf dadurch. Viele erhalten genau deshalb sogar Aufschwung, Ansehen und positive Resonanz.

Wir leben folglich in einem Zeitalter, in dem wir selbst tief sitzenden Urängsten den Rücken kehren dürfen. Und es braucht Menschen, die mit viel Mut, Hoffnung und Zuversicht die von unseren negativen Ressourcen gesetzten Grenzen sprengen und durch mutige Entscheidungen und Verhaltensweisen unsere Welt zu einem besseren Ort machen. Denn wie will man schon etwas zutiefst Positives bewirken, wenn man sich von uralten Normen und Ängsten einschränken und gefangen halten lässt.

Wenn wir uns auf die individuellen Ängste und Sorgen konzentrieren, so erkennen wir oftmals, dass bereits ein einziges, vermeintlich unglückliches Ereignis dazu führen kann, dass wir einen schützenden Mechanismus in uns aktivieren, der uns vor weiteren, sich derart negativ anfühlenden Ereignissen bewahren soll. Diese Rolle übernimmt dann oftmals unser Unterbewusstsein. Die Instanz unseres Geistes, die sich wie ein gebranntes Kind verhält und sich lieber einmal zu oft hinter dem Bein von Papi versteckt, als sich der Angst zu stellen. Doch es ist uns möglich, diesem Kind in uns zu zeigen, dass es keine Angst zu haben braucht; dass es das, vor dem es sich fürchtet, nur aus einer ungünstigen Perspektive betrachtet hat. Und wir können dem Kind in uns aufzeigen, dass es ebenso eine positivere Perspektive gibt, und können es in einen neuen Lernprozess schicken. Ein Lernprozess, in dem es sich aneignet, das Positive darin zu sehen und zu erkennen, dass die Gefahr, die es sah, im Grund gar keine Gefahr war, sondern eine Täuschung des eigenen Geistes.

Sollte also mal ein vermeintlicher Hurrikan auf uns zukommen, so haben wir zwei Möglichkeiten. Entweder wir verschanzen uns in unserem Keller und versuchen, während wir abwarten, Pläne zu schmieden, wie wir mit welchen Auswirkungen des Hurrikans in welcher Art umgehen werden. Wir erarbeiten uns ein lösungsorientiertes Denken. Dies ist ein fantastischer Vorteil des Sich-Verschanzens: Man hat Zeit, tief in sich hineinzugehen und nachzudenken, um auch herauszufinden, weshalb man eine derartige Angst vor Hurrikans in sich fühlt. Diesen positiven Mehrwert bietet uns der Schutzmechanismus. Vergleichbar mit nachdenklichen Phasen, welche in der Medizin gerne auch depressive Episoden genannt werden: In diesen Phasen lernt man unter Umständen mehr über sich selbst als in anderen Phasen, in denen man positive Gefühle in sich spüren kann. So können eben genau auch diese vermeintlich negativen Phasen unseres Lebens einen positiven Kern in sich bergen. Und mitunter auch den Kern der geistigen Arbeit und der Auseinandersetzung mit sich selbst – was viele leider erst an ihrem Lebensabend tun, wenn sie auf einmal nur noch verminderte Reize um sich herum vernehmen, welche sie von sich selbst ablenken könnten.

Wer jedoch das Verlangen hat, sich seinen Ängsten zu stellen, darf die Kellertür genau dann aufreißen, wenn der Hurrikan über dem Keller steht. Wer sich dann heraustraut, steht mitten im Auge des Hurrikans. Dort, wo es windstill ist. Dort, wo alles umherfliegt. Bäume, Autos und alles erdenklich Mögliche wird vom Sturm umhergewirbelt. Doch wer genau in dem Moment dasselbe tut, wie der Mensch, der sich im Keller mit sich auseinandersetzen würde, der findet heraus, dass der Hurrikan mit jedem einzelnen, neuen und beruhigenden Gedanken immer mehr nachlässt. Dass mit jedem Atemzug Ruhe einkehrt. Stille. Idylle. Und dass der Hurrikan allein ein Produkt der eigenen Vorstellungskraft war. Ein Produkt der Fantasie. Eine Täuschung. Eine Illusion des Unterbewusstseins.

Welche Erleichterung kommt dann über uns, wenn wir uns selber „ent-täuschen" dürfen und den ersten Schritt in die Gelassenheit finden können. Weil wir einsehen, dass der Hurrikan in Wirklichkeit nie existierte.

Als es geschah …

Es war der Abend des 1. März 1995. Ein eigentlich ganz gewöhnlicher Abend. Wir alle warteten im Esszimmer auf das Abendessen, welches meine Mutter in der Küche zubereitete. Ich war fünf Jahre alt und saß in meinen Unterhosen auf dem für mich etwas zu großen Stuhl am Esstisch. Ich mochte es, nebst meiner Unterwäsche zu Hause sonst keine Kleider tragen zu müssen.

Mein Vater saß links von mir. Damals wirkte für mich, eine Minute warten zu müssen, wie eine halbe Ewigkeit. Oft schweifte ich in solchen Momenten in meine eigene Gedankenwelt ab. Was meine älteren Geschwister und meine Eltern miteinander sprachen, zog deshalb wie Wolken an mir vorbei.

Es war ein ganz normaler Abend, wie jeder andere Abend auch. Alles war absehbar. Und dennoch konnten wir alle nicht wissen, dass wenige Gedanken genügten, um unser aller Leben zu verändern. Jeder Gedanke von außen war für meinen Vater einer zu viel. Die wenigen Gedanken wurden zu Worten. Und die Worte wurden zu Taten.

Mit energiereichen Worten gerüstet, stand mein Vater plötzlich auf, hob den großen, hölzernen Esstisch mit beiden Händen an und ließ ihn wie einen riesigen Frachter zur Seite kentern. Als der schwere Holztisch auf den Boden fiel, breiteten sich die Wellen des Aufpralls rund herum aus wie ein Tropfen, der auf eine ruhige Wasseroberfläche prallt. Die Wellen der Veränderung flossen durch den Boden hindurch in die

Wände wie auch in unsere Beine bis hoch zu unserem Bauch, der signalisierte, dass diese Energie eine gefährliche Intensität hatte. Hoch zu unserem Herzen, das alles einfach vergessen machen wollte. Hinauf in unseren Kopf, der handelte, bevor er fühlen konnte.

Mein Vater wusste, dass diese Energie sich in unser aller Mark und Bein verbreitet hatte und ließ sie los. All die Energie, die er noch in sich hatte. All die Energie, die er wohl in Anwesenheit der besserwisserischen Psychiater, Assistenzärzte und der anderen Ratgeber geschluckt hatte.

Selbst die vereinte Energie unseres verbalen Widerstandes ließ uns klein aussehen neben seiner geballten Explosion an Ehrlichkeit. Sämtliche Worte schmolzen dahin, noch bevor sie ihn überhaupt erreichen konnten. Er nahm den massiven Holzstuhl mit beiden Händen und warf ihn zum geschlossenen Fenster raus. Das Fensterglas zersplitterte. Die hölzernen Fensterrahmen brachen. Der massive Holzstuhl fiel in das angrenzende Waldstück. War vorerst noch ganz einsam. Doch bald schon folgte der nächste Stuhl. Danach der Tisch. Das Sofa. Alles, was mein Vater in die Finger bekam.

Mein Bruder und ich rannten orientierungslos hin und her. Die Treppe auf und ab. Schreiend. Weinend. Bis wir letztlich alle das Haus verließen. Meine Geschwister rannten zu den Nachbarn und schlugen ihre geballten Fäuste an deren geschlossenen Rollläden.

Auf einmal packte mich meine ältere Schwester, zog ihr T-Shirt aus und stülpte mir dieses über. Sie nahm mich auf den Arm und trug mich zu ihrem Wagen. Weinend setzte sie mich auf die Rückbank, stieg vorne ein und fuhr los.

Sie fuhr weg – in Ungewissheit, was nun zu Hause geschehen würde. Als sie rechts ran fuhr, um wieder klare Gedanken zu fassen, sagte ich von hinten: „Wenn du so sehr weinst, kannst du gar nichts sehen, um zu fahren."

Für einen kurzen Moment fühlte ich, dass wir beide in uns dieselbe Vernunft fühlten. Eine Verbundenheit, die in diesen wenigen Sekunden auf immer verewigt wurde.

Als wir zurückfuhren und wir bei den Nachbarn klingelten, waren all meine Geschwister und meine Mutter bereits dort. Sie warteten auf die Polizei. Die täuschende Vernunft.

Während sich die Polizisten die Verwüstung im Haus ansahen, teilten auch sie die Meinung, eine derartige, menschliche Energie kaum je zuvor angetroffen zu haben.

Unser Vater leerte die Räume in derselben Weise, wie er seinen Kopf damit befreite. Alles war weg. In dem Raum zu stehen, in dem wenige Minuten zuvor noch die gesamte Familie in Hoffnung auf einen friedlichen gemeinsamen Abend zusammengesessen hatte, war erschütternd und schmerzhaft. Es gab keine Fenster mehr. Es gab keine Möbel mehr. Was blieb, waren Reste der Verwüstung. Abdrücke von einst da gewesenen Möbel. Staub und Scherben.

Die Räume waren kalt und offen. Es gab keine Fenster mehr, welche die Räume Räume sein ließen.

Unser Vater trug die Befreiung in sich, als er sich in die Innenstadt flüchtete. Noch unwissend, was er getan hat, sehnte wohl auch er sich, wie wir uns, die Zeit zurückdrehen zu können. Geschehenes ungeschehen zu machen.

Wie der durch die zerbrochenen Fenster hineinziehende Wind dem Raum nicht die erwünschte Wärme geben konnte, scheinen unserem Vater auch nicht die richtigen Gedanken die gewünschte Hoffnung und Zuversicht gegeben zu haben.

Allein der Mut blieb. Der Mut. Der Mut, welcher ihm den Sprung in die Freiheit bahnte. Er durfte sich ein letztes Mal

Fallen lassen, um von seinem ihn begleitenden Engel aufgefangen zu werden. So wünsche ich ihm, dass er nun unser Engel sein darf. Und wenn wir, seine Kinder, genau hinhören und fühlen, so können wir ihn alle sehen.

Der 1. März 1995. Der Tag, der seine Energie in mir zurückließ. Jahre vergingen, bis ich bemerkte, welche Spuren jener Tag in mir hinterlassen hat. Spuren der Angst. Spuren der Sorge. Negative Gedanken, die aufkamen – mir nur selten bewusst, im Auftrag der Sicherheit. Die Sicherheit, mich und die mir liebsten Menschen vor erneut Unvorhersehbarem zu bewahren. So begann ich, vermehrt die Menschen in meiner Umgebung zu analysieren und zu verstehen. Um zu wissen, welche Gefahren sich um mich herum befanden. Selbst dann, wenn es keine Gefahr gab.

Ich lernte, Menschen zu lesen und ihre Gedanken zu verstehen, noch bevor jene Gedanken überhaupt deren Lippen verlassen konnten. Ich erlangte ein Gefühl für die Gedanken anderer Menschen, wie ich es wohl kaum sonst hätte erlernen können. Doch diese Fähigkeit hatte einen Preis. Den Preis der stetigen Ungewissheit. Den Preis der negativen Gedanken. Aber auch den Gewinn, Lösungen gefunden zu haben, all dies gehen zu lassen. Mit beiden Beinen im Hier und Jetzt zu stehen und all die negativen Gedanken und Energien einfach so loslassen zu können, sich einfach so fallen lassen zu können. Sich einfach geschehen zu lassen. Diese Erkenntnis gewann ich bereits in meiner Jugend – wissend, dass mein darauffolgender Weg genau darin liegen würde: den Menschen zu der Heilung zu verhelfen, welche ihnen gebührt. Wer sich einfach gehen lassen kann, findet mit Einsicht den Weg in die Freiheit.

Die Kraft der Angst

Ich war noch nicht einmal sechs Jahre alt, als ich am eigenen Leib erfahren musste, wie schmerzhaft es sich anfühlt, wenn vom einen Moment auf den anderen nichts mehr ist, wie es einmal war. Mein Papa war weg. Und würde nie mehr zurückkommen. Und dies, obwohl wenige Sekunden, bevor all dies geschah, die Welt noch in Ordnung war.

Der 1. März 1995. Ein Abend, ein Moment, der in mir eine tiefe Verletzung hinterließ. Die Schreie, die Hysterie, die beinahe unmenschliche Gewalt meines Vaters. Und die Entscheidung, die unser aller Leben veränderte. Eine tiefe Verletzung, welche mit einem dicken Verband versorgt werden musste. Mein Verband – die Angst – entstand. Die Angst, dass Ähnliches wieder geschehen könnte.

Rund drei Monate waren vergangen, seit mein Vater von dieser Welt gegangen war, und ich in den Kindergarten musste.

Es kommt mir so vor, als wäre es gestern gewesen, dass mich meine Mutter in den Kindergarten brachte und sich daraufhin verabschieden wollte. Ich erinnere mich an den Kindergarten. Den Vorgarten vor dem Haus des Kindergartens. Die fixen, beinahe furchterregenden Strukturen, die es auf einmal gab. Dieses Gefühl, sich der Gruppe und dem System fügen zu müssen. Den Geruch des Kindergartens. Die Kinder, die alle so fröhlich waren. Und ich als Einziger, der weinte und all dies noch nicht verstand. Ich fühlte mich, als wären mir alle anderen Kinder weit voraus. Und ich verstand, dass diese Kinder glücklicher waren, weil sie noch immer beide Eltern hatten. Ich dagegen nicht mehr.

Am ersten Tag brach ich in Tränen aus und flehte meine Mutter an, nicht zu gehen. Ich hatte unvergleichbare Angst, dass nun auch sie noch weggehen würde. Angst, dass ihr etwas zustoßen könnte.

So weinte ich jeden einzelnen Tag, den ich im Kindergarten war. Jeden einzelnen. Mit der Zeit dann vermehrt für mich allein. Ganz heimlich.

Schnell lernte ich, dass ich meine Tränen nicht mit den Ärmeln meines Pullis abwischen durfte. Weil man mir so ansah, dass ich weinte. Und meine Augen blieben durch die Reibung des Pullovers oftmals über längere Zeit etwas rötlich und aufgedunsen. So eignete ich mir an, mir meine Tränen nur noch mit den Händen abzuwischen, wenn ich für mich möglichst alleine in einer einsamen Ecke des Kindergartens war.

Die Mädchen spielten nur selten in der Puppenecke. Deshalb saß ich oftmals in einer verlassenen Ecke dieses Bereiches und war in meine Gedanken vertieft. Ich weinte und überlegte und weinte. Teils setzte ich mich auch in die Malecke, wenn dort niemand war. Oft ging ich auch einfach an jene Stellen in dem großen, offenen Raum, die verlassen waren, und spielte mit dem, was ich dort fand – ziemlich freudlos, einfach nur, damit ich meine Ruhe haben konnte. Ich hatte so gut wie nie Lust, mit Kameraden zu spielen. Selbst wenn mich Kinder zum Spiel motivieren wollten, ließ ich mich nur selten überreden. Und dann meist nur für wenige Minuten. Danach weinte ich wieder und verkroch mich in einer stillen Ecke, in der ich für mich alleine sein konnte. Mein einziges Ziel war es, wieder nach Hause zu dürfen. Zu meiner Mama.

Selbst wenn wir in der Gruppe im Kreis saßen und meine Kindergärtnerin irgendwelche Spiele mit uns machte, so musste ich mich in den allermeisten Fällen zusammenreißen, vor der Gruppe nicht zu weinen.

Ich erinnere mich an einen Moment, als wir alle im Kreis sitzen mussten und unsere Kindergärtnerin uns in der Gruppe beibringen wollte, wie man aus einer Karotte eine Flöte schnitzen konnte. Keine, auf der man wirklich spielen konnte. Aber die wie eine Flöte aussah. Ich erinnere mich daran, wie ich mich innerlich stärken musste, meine Tränen zurückzuhalten und nicht über meine Augenlider kullern zu lassen. Ich erinnere mich, wie ich von den in meine Augen geschossenen Tränen alles verschwommen sah und ich mich immer wieder etwas gedulden musste, bis die Tränen von meinen Augen nach und nach beinahe wie aufgesogen wurden. Die Erinnerung an jene Momente verdeutlichen mir, dass ich mich schon als Kind meinen Ängsten stellen wollte.

Ich war in Gedanken meist bei meiner Mutter. Ich versuchte mir die ganze Zeit vorzustellen, wo sie nun wohl war. Sie machte in unzähligen Häusern die Hauswartung, die sie nun auch für ihren verstorbenen Mann übernehmen musste. Ich kannte alle Häuser, weil sie mich oft dorthin mitnahm, weil ich derart viel Heimweh im Kindergarten hatte. Schon ganz früh lernte ich zu zählen, wenn sie morgens zu mir sagte: „Heute müssen wir nur fünf Treppenhäuser putzen." Und mit jedem Haus, das dazukam, sagte ich: „nur noch drei" oder „nur noch zwei". Ich wusste oftmals auch, welche Aufgaben sie in welchem Haus hatte. Bei einem Haus musste sie zum Beispiel nicht nur das Treppenhaus putzen, sondern auch ab und an den Rasen mähen. Bei einem anderen Haus hingegen musste sie vor der Tür den Weg wischen.

Wenn ich im Kindergarten war, stellte ich mir beinahe ständig vor, bei welchem Haus sie wohl gerade sein könnte, und zählte derweil die Minuten, bis ich nach Hause gehen konnte.

Oft kam mich mein drei Jahre älterer Bruder Sancho vom Kindergarten abholen, wenn meine Mutter aufgrund der vielen Arbeit keine Zeit dazu fand, und wir liefen gemeinsam nach Hause. Sancho war zu dem Zeitpunkt bereits in der zweiten Klasse und die Schule war nur rund dreihundert bis vierhundert Meter vom Kindergarten entfernt. Kaum war ich zu Hause und meine Mutter endlich auch da, war alle Trauer verschwunden und die Sicherheit kehrte ein.

Unsere Mutter musste oft und lange arbeiten, um alle Rechnungen zu bezahlen und uns sieben Kinder durchfüttern zu können. Und dennoch war sie in einer Präsenz mit ihrer Liebe für uns da, die kaum in Worte zu fassen ist.

Es war meine größte Angst, nach dem Verlust des Vaters auch meine Mutter verlieren zu können. Wenn sie abends zum Beispiel mit einer Freundin einen Kaffee trinken ging, so wusste sie bereits Bescheid, dass sie mich, um mich zu beruhigen, rund alle zwei Stunden von einer Telefonzelle aus anrufen musste.

Als dann die Handys aufkamen, und ich zwischen acht und zehn Jahre alt war, musste sie das Handy stets bei sich tragen, damit ich sie immer von Neuem anrufen konnte. Wenn sie das Gespräch entgegennahm, lächelte ich oftmals etwas verlegen ins Telefon und fragte: „Lebst du noch?" Diese übermäßige Besorgnis war mein jeweiliger, ganz cleverer Aufhänger, weshalb ich mir immer wieder die Erlaubnis gab, sie anzurufen.

Mit zunehmendem Alter wurde ich innerlich stärker und stärker. Bereits in der ersten Klasse änderte sich alles von Grund auf. Auf die erste Klasse freute ich mich sogar. Für mich war die Schule der erste Schritt ins Erwachsenwerden. Denn alle meine Geschwister waren bereits in der Schule. Ich war der Letzte.

In der Schule wusste ich, dass ich nun ganz stark sein musste, weil ich jetzt nach und nach erwachsen werden würde. Auch wenn ich vorerst so tun musste, als könnte ich nicht lesen und schreiben, um nicht aufzufallen, so freute ich mich dennoch darauf, einmal Noten zu bekommen. Bewertet zu werden. Denn alle meine älteren Geschwister sprachen ständig von Noten und von Tests.

Auch meine letzten Affektanfälle hatte ich mit sieben Jahren. In der ersten Klasse. Die Lehrer wussten Bescheid und wurden instruiert, dass ich ohnmächtig werden konnte. Dies geschah auch ab und an. Ich erinnere mich aber nur noch daran, wie es auf dem Pausenhof geschah, als mir Schüler hinterher rannten. Auch im Nachhinein schätze ich es immer noch sehr, wie ernst meine damaligen Mitschüler und Lehrer diese Anfälle genommen haben und wie sehr man sich um mich sorgte.

Diese Anfälle, die ebenso unberechenbar wie unverhinderbar waren, ließen in mir ein Gefühl der Hilflosigkeit aufkommen. Ich konnte die Anfälle nicht beeinflussen. Sie geschahen einfach. Und ich musste mich einfach geschehen lassen – im Vertrauen, dass ich hoffentlich nach der Bewusstlosigkeit wieder erwachen würde.

Ich lebte in einer ständigen Angst, von einem erneuten Anfall überwältigt und außer Gefecht gesetzt zu werden. Und zugleich trug ich die tiefe Angst in mir, auch noch meine Mutter verlieren zu können. Diese Angst spiegelte sich später in der Schule wieder, im Gymnasium, in Freundschaften und Partnerschaften. Ich hatte Angst davor, die Menschen zu verlieren, die ich mochte. Ich hatte Angst davor, meine Leistungen in der Schule zu verlieren. Ich hatte – wie man so sagt – Verlustängste. Zudem hatte ich Angst, nicht vorhersehen zu können, wenn mir wieder irgendein Schicksalsschlag einen Strich durch die Rechnung machen würde. Ich hatte Angst davor, dass Menschen mich oder meine Familie gefährden könnten, und begann schon früh – als Jugendlicher letztendlich bewusst – Menschen zu analysieren, noch bevor sie mir und meinen lieben Menschen hätten schaden können.

Heute bin ich dankbar, genau diese Angst in mir verspürt zu haben. Denn die Angst trieb mich an. Sie trieb mich an, nicht wegzuschauen, sondern zu handeln. Sie trieb mich an, mich der Hilflosigkeit zu stellen und Wege zu finden, ständig des eigenen Willens und der eigenen Handlung bemächtigt zu sein.

So hatte ich mit sieben Jahren meinen letzten solchen Affektanfall. Die Verlustängste blieben, doch auch denen setzte ich ein Ende. Ich entwickelte ein Bewusstsein über unser Dasein auf diesem Planeten, wie ich es sonst wohl kaum erlangt hätte. Ich eignete mir eine Gelassenheit an, mich so, wie ich war, einfach geschehen zu lassen.

In der Schule nannte man mich Rotschopf. Man wollte meine Sommersprossen im Gesicht zählen. Und man hänselte mich. Bereits in der ersten Klasse. Doch mein Bewusstsein und meine nahen Begegnungen mit dem Tod, ließen in mir das Gefühl erwachsen, dass alles in Ordnung war, so wie es war. Ich verstand sehr früh, dass jeder Einzelne die Möglichkeit in sich trägt, aus seinem Leben das Beste zu machen; eben das, was ihm das Leben anbietet. Und genau dafür entschied ich mich. Ich entwickelte vermehrt den Wunsch, den Schulweg ganz alleine zu bestreiten und ganz alleine nach Hause zu gehen. Der Welt da draußen zu zeigen, wie erwachsen ich bereits war.

Als ich in die vierte Klasse kam, steckte ich mir selbst das Ziel, von nun an alle meine Hausaufgaben ganz alleine zu lösen. Und meine Mutter verstand schnell, dass ich von der vierten Klasse an, auch alle Hausarbeiten selbst machen wollte. Ich wollte wissen, wie man die Wäsche macht. Wie man sie trocknet. Wie man kocht und wie man all das tut, was Erwachsene tun. All das, was ich hätte tun müssen, hätte auf einmal unsere Mutter nicht mehr für uns da sein können.

Ich erinnere mich an eine Mathematikaufgabe, die man uns in der fünften Klasse stellte. Es ging um eine Kirche, deren Maße man berechnen musste. Und ich erinnere mich daran, wie diese Kirche aussah, die auf dem Aufgabenblatt skizziert war. Doch ich wusste die Lösung nicht. Und ich rechnete so lange, bis ich die Aufgabe verstand. Stunden vergingen. Einen ganzen Abend opferte ich ganz allein nur dieser Kirche, bis ich die Kirche in allen ihren Facetten sehen und berechnen konnte. Auf einmal verstand ich Mathematik.

Als ich in die siebte Klasse kam, musste ich die Schule wechseln, da die Primarschule nur bis zur sechsten Klasse ging. In der neuen Schule angelangt, war ich aufgrund meiner etwas überreifen Art ein begehrtes Objekt für Hänseleien. So trug ich beispielsweise keine Turnschuhe, sondern ausschließlich normale Schule. Ich wollte Hemden tragen. Ich war in mir bereit für die Erwachsenenwelt. Meine bis dahin gewonnene tiefe Verbindung mit dem Familienhund, der den Verlust des Vaters etwas weicher gestalten sollte, tröstete mich sehr. Der Hund hieß Enzo. Ein Calavier Kind Charles Spaniel, ganz rubyfarben. Er verstand mich, ohne dass wir miteinander sprechen mussten. Rein nonverbal. Und wenn ich ab und an wegen der Hänseleien traurig nach Hause kam, leckte er meine Wange und zeigte mir, dass er mich verstand.

So kam mein erster Gedanke hinsichtlich möglicher Gedankenübertragung auf. Gedanken an Übersinnliches. Gedanken daran, dass man die Menschen also doch intensiver analysieren konnte, als gemeinhin angenommen. Ich meinte entdeckt zu haben, dass es bestimmte Informationen gab, die ein Mensch aussandte, ohne es zu wissen. Wie auch ich Informationen ausgesandt haben musste, die Enzo scheinbar deuten konnte, die den Menschen aber verborgen zu sein schienen. Diese Überlegung gab mir und meinem Unterbewusstsein die Hoffnung, dass ich in Zukunft – würde ich diese Fähigkeit ebenfalls erlangen – Menschen würde besser lesen können. Dieser Gedanke gab mir die Gewissheit, auf diese Art Menschen, die mir oder meiner Familie Schaden zufügen könnten, vorab zu erkennen.

Und weil das Lesen von solch unsichtbaren Informationen von etwas „Übersinnlichem" zeugt, entwickelte mein Unterbewusstsein einen Drang, der Zauberei zu verfallen. So schenkte mir meine älteste Schwester zu Weihnachten einen Kurs bei einem Zauberer. Ich besuchte diesen Kurs – zuerst etwas enttäuscht, dass diese Art der Übersinnlichkeit für mich bis dato die einzig mögliche zu sein schien. Und doch entwickelte ich sehr rasch eine tiefe Begeisterung für die Fähigkeit zu zaubern. Weil auch ein Zauberer sein Publikum tief analysieren können muss. Ein Zauberer muss erkennen, welche Perspektive der Zuschauer hat. Er muss wissen, wie er den Zuschauer in seiner Perspektive täuschen und ihn zugleich ablenken kann. Eine faszinierende Kunst, die zudem wunderbare Illusionen entstehen lässt, die den Zuschauern die Möglichkeit gibt, von der harten, realen Welt etwas abzuheben – in eine Sphäre der Leichtigkeit und der Wunder.

So besuchte ich über mehrere Jahre regelmäßig die Zauberschule bei einem fantastischen Zauberlehrer. Und bereits als

Teenager knüpfte ich erste Kontakte zu Mentalisten. Später dann auch mit Hypnotiseuren. Ich lernte noch als Minderjähriger, zu hypnotisieren und Gedanken zu lesen. Meine erste Hypnosetherapie führte ich an einer Freundin meines Bruders durch, welche unmittelbar nach der Hypnose von ihrer Phobie befreit war. Selbst ich war erstaunt, dass diese Technik wirklich derart rasch und effizient wirkte. Und dass es überhaupt funktionierte. Für die Therapie räumte ich das kleine Gartenhaus beim Elternhaus aus, legte den flauschigen Teppich aus meinem Zimmer dort rein, dazu stellte ich einen Stuhl und ein kleines Tischlein, dann nagelte ich meine allererste Hypnoseurkunde an die Wand des hölzernen Gartenhäuschens. Meine erste „Hypnosepraxis" war gegründet. Sogar mit elektrischem, mobilem Heizungskörper für die kälteren Monate. Noch im Jahr meiner Volljährigkeit gründete ich meine eigene Einzelfirma, machte so rasch wie möglich den Führerschein und kaufte mir mit meinem eigens verdienten Geld einen Gebrauchtwagen. Ich war unabhängig. Ich war frei. Die ganze Welt gehörte mir. Und neben meiner damaligen Tätigkeit als Magier, Mentalist und Hypnotiseur war ich noch im Gymnasium und bereitete mich auf den baldigen Abschluss vor. Mit achtzehn Jahren wurde ich von Uri Geller persönlich in dessen Casting zu seiner TV-Sendung eingeladen und war dadurch wenige Wochen später einem Millionenpublikum ausgesetzt. Ich wurde auf einmal als prominente Persönlichkeit angesehen, wurde in TV- und Radiosendungen interviewt und nationale Zeitungen schrieben über meine Tätigkeit als Mentalist. Plötzlich wurde ich ständig auf der Straße angesprochen, was anfangs sehr ungewohnt war.

Im selben Jahr noch eröffnete ich meine allererste richtige Praxis. Ein Studio mit nur einem Raum, aber einer Toilette und einer kleinen Küche. Wunderschön und liebevoll eingerichtet, versuchte ich schon damals, für die Leute, die sich von mir hypnotisieren lassen wollten, ein angenehmes, vertrauensvolles Ambiente zu schaffen.

So kam der Ball ins Rollen und ich gründete im darauffolgenden Jahr eine Hypnosepraxis mit mehreren Räumen mitten in Bern und gründete meine erste richtige Firma: Die Palacios Relations GmbH. Ich hatte meinen ersten Festangestellten, reiste für Shows und Infotainments umher, wurde von namhaften Firmen für Referate und Verkaufsseminare gebucht und hatte mehr Hypnosetherapieanfragen, als ich stillen konnte.

Ich machte zeitgleich Weiterbildungen in Marketing. Schrieb dann meinen ersten Bestseller „Ich sehe dich". Schloss eine Weiterbildung zum Hypnosetherapielehrtrainer in den Vereinigten Staaten ab. Wurde Dozent, Kolumnist, gründete ein eigenes Hypnosecenter, wurde Verbandspräsident, war weiterhin regelmäßig in den nationalen Medien anzutreffen und veröffentlichte meinen zweiten Bestseller „Hypnotisiere mich". Zudem gründete ich einen eigenen Buchverlag, welcher binnen sechs Monaten zum Bestsellerverlag wurde.

Heutzutage bilde ich jährlich mehrere Dutzend Hypnosetherapeuten für zwei unterschiedliche Verbände aus, führe zwei Firmen und einen Hypnosetherapieverband, berate Firmen in mentaler Hinsicht, halte ausverkaufte Vorträge und darf eine rund zehnmonatige Warteliste für Therapiesitzungen bei mir führen.

Inzwischen entwickelte ich ein eigenes Therapieverfahren, welches sich „Invaluation" nennt – die Invaluationstherapie. Im Rahmen der Invaluationstherapie geht es darum, negative Gedanken und Gefühle auf direktem Wege positivieren zu können, wobei wir uns neue Perspektiven und Blickwinkel zunutze machen. Es freut mich zudem, die Invaluationstherapie Menschen lehren zu dürfen. Mein Ziel ist es, dass diese Therapieform durch möglichst viele Therapeutinnen und Therapeuten weitergeben wird und so vielen Menschen zu neuen Perspektiven verhelfen kann.

Oftmals höre ich Menschen über mich sagen, ich sei erfolgreich. Und wenn sie zu analysieren versuchen, woher der Erfolg rührt, so kommen sie auf Schlussfolgerungen wie: Fleiß. Pflichtbewusstsein. Sensitivität. Bis hin zu Glück.

Wenn ich mich derselben Analyse hingebe, so komme ich für mich zur Erkenntnis, dass alles, was ich erleben durfte, maßgebend war für meinen persönlichen Erfolg. Die Schicksalsschläge ebenso wie die Momente der Freude.

Erfolg hat für mich nicht im Geringsten irgendetwas mit Geld, Materiellem oder Aufsehen zu tun. Das dachte ich noch, als ich am Anfang meiner Laufbahn war – als ich gerade volljährig wurde und glaubte, die Welt retten zu müssen. Doch sehr schnell verstand ich, dass der materielle Erfolg nicht das war, was mich glücklich machte. Im Gegenteil: Materieller Erfolg brachte immer nur Übel mit sich. Freundschaften wurden hinterfragt und auf ihre Echtheit geprüft. Ebenso Beziehungen. Eine Ungewissheit kam auf, ob Lob und Komplimente als echt zu verstehen waren, oder doch eher nur als Schmeichelei.

Seither habe ich den Erfolg für mich mit drei „L" definiert: Erfolg bedeutet für mich Liebe, Leidenschaft und Leben. Erfolgreich zu sein, bedeutet für mich, die Fähigkeit nutzen zu dürfen, echte, bedingungslose Liebe zu erfahren. Erfolg bedeutet für mich, einer leidenschaftlichen Energie folgen zu dürfen. Und Erfolg bedeutet für mich, mit beiden Beinen im

Leben stehen zu dürfen und das Leben in all seinen Facetten anzunehmen.

Aus meiner Sicht sind sehr, sehr viele Menschen sehr erfolgreich, nur sind sie sich dessen leider gar oft nicht bewusst – oder es wird ihnen erst sehr spät bewusst.

Einer der für mich wesentlichsten Faktoren für meine Form des Erfolges, war einer, der von der Allgemeinheit meist völlig falsch positioniert wird. Der zu Unrecht nur negativ gesehen und in seiner Möglichkeit entwertet wird: Die Angst.

In der Gesellschaft meist fälschlicherweise als blockierende Energie betrachtet, sehe ich die Angst als treibende Kraft. Als ebenso sehr bereichernde Kraft. Die Herkunft des Begriffes „Angst" findet sich im indogermanischen Wort „anghu" für „beengend" wie auch im lateinischen Wort „angustus" für „Enge" oder „Bedrängnis".

Wir alle wissen, was geschieht, wenn ein lernfähiges Lebewesen bedrängt wird. Es lernt. Es lernt, sich zu wehren. Sich eine freie Bahn zu schaffen. Sich eine Rüstung aufzubauen, die ihm Sicherheit und Geborgenheit gibt.

Ich wurde schon als Kind jahrelang von der Angst verfolgt, ich könnte bald ein Waisenkind sein. Eine Angst, die in mir das Verlangen zur Autonomie weckte. Das Verlangen, gewappnet zu sein für den Fall, dass das Schlimmste eintreffen würde – genau so, wie dies schon mal geschehen war, als ich noch zu hilflos war, um die Situation beeinflussen zu können. Mich befiel, noch bevor ich überhaupt ein Teenager war, das Verlangen, mich ganz selbstständig versorgen zu können. Erwachsen sein zu wollen. Nicht zuletzt auch um meine Mutter unterstützen zu können. Bereits als Kind stellte ich mir vor, wie ich mal ganz viel arbeiten würde, um meiner Mutter ein Häuschen kaufen zu können, in dem sie sich erholen könnte – von all dem, was

50

sie für uns Kinder getan hatte. Als kleines Dankeschön dafür, dass sie sich regelrecht für uns Kinder aufgeopfert hatte.

Die Angst vor dem verletzenden Unerwarteten blieb bis in meine Volljährigkeit. Insbesondere dann, wenn ich etwas Schönes erleben durfte. Mein Unterbewusstsein aktivierte einen schützenden Mechanismus, der mich meine gesamte Umgebung analysieren ließ. Menschen, Situationen, Gruppierungen. Alles. Sodass ich alles, was mir oder meinen Liebsten hätte schaden können, schon hätte entschärfen können, bevor es jemandem etwas hätte zuleide tun können. Die Angst blieb, bis ich meine Tätigkeit als Therapeut begann. Das Wissen, die Erkenntnisse und die Selbsthypnose ließen mich den Schritt in die Gelassenheit machen, welche die Angst vor dem negativen Unerwarteten einfach gehen ließ.

Ich lernte, in den schönen Momenten das Schöne zu genießen, und das Positive an dem vermeintlich Negativen zu erkennen, noch bevor es überhaupt eintreffen konnte. Ich entlarvte mein eigenes Unterbewusstsein und vertraute auf meine autogene Willenskraft, Gutes auf dieser Welt schaffen zu wollen.

Heute verstehe ich, wie sehr mich die eigenen Ängste angetrieben haben, selbst wenn man sich in von der Angst belasteten Situationen meist wie gelähmt oder blockiert fühlt. Doch sie treibt an. Es braucht die Lähmung. Es braucht das unangenehme Gefühl. Das Gefühl der Enge. Das Gefühl der Bedrängnis, welches rein evolutionsbedingt als ganz natürliche Reaktion aufgrund der möglichen Bedrohung aufkommt.

Diese Reaktionen unseres Unterbewusstseins rufen uns ins Bewusstsein, dass es Prägungen gibt. Erfahrungen, welche uns wissen lassen, dass uns ein wunderbares Potenzial gegeben ist, um Gutes zu erreichen.

Menschen, welche bahnbrechende Theorien entwickelt haben; Menschen, welche Spitzenleistungen erlangt haben – viele dieser Menschen wurden von der Angst getrieben. Erst die Angst stellte die treibende Energie dar und brachte die Menschen dazu zu handeln.

Und auch Menschen, welche sich suggerieren, die Angst lähme oder blockiere sie, erkennen nicht, welche Perspektive ihnen die Angst eröffnet. So kann sie die Menschen dazu antreiben, sich mit sich selbst auseinanderzusetzen; sich von unangenehmen Mustern zu lösen; sich durch von der Angst angestoßene Überlegungen und Gedankengänge die Sicherheit zu schaffen, die deren Unterbewusstsein sich wünscht.

Denn letztendlich ist jede Angst lediglich ein Sicherheitsbedürfnis des Unterbewussten. Meist resultierend aus Prägungen. Aus negativen Erfahrungen.

Und wenn wir die Angst nicht mehr als Feind betrachten, sondern vielmehr als unterstützenden Freund, der uns den Weg in die Sicherheit weisen will, so erkennen wir in der Angst plötzlich keine Gefahr mehr, sondern eine Chance. Eine Chance, das eigene Leben in die Hände zu nehmen und es dort hinzulenken, wo wir uns gerade wohl fühlen würden.

Die einen erkennen durch die Angst die Aufgabe, sich einmal intensiv mit dem eigenen, tiefen, inneren Ich auseinanderzusetzen. Den eigenen Prägungen. Und den daraus resultierten Verletzungen. Der Bandage, welche rund um die Verletzung herum entstand, und welche man gegebenenfalls schon längst entfernen und dadurch den Schritt in die eigene Freiheit machen dürfte. Die Freiheit von aus Verletzungen resultierenden Mustern und Gedanken.

Die einen können durch die Akzeptanz der Angst als treibenden Wegweiser ins Positive direkt in die Handlung übergehen. Sie dürfen direkt Dinge umsetzen, welche unmittelbar ersichtlich werden. Andere wiederum müssen vorerst an sich und den eigenen gedanklichen Prozessen arbeiten, bis sie die entsprechende Leichtigkeit, Stärke und Gelassenheit verspüren können, um den Weg in die Sicherheit und in die Kraft zu finden.

Jede Angst ist eine wunderbare Chance, die unser Unterbewusstsein uns gibt. Eine Chance, den Weg des Positiven zu beschreiten.

In jeder Angst steckt eine wunderbare Botschaft. Wer sie findet, wird den Weg in die Kraft ganz von selbst gehen. Man muss sie nur finden. In jeder Angst gibt es sie. In jeder. Ich bin der Beweis dafür. Die Angst führte mich bereits im Kindergartenalter in mein inneres Ich – in meine Gedankenwelt. Dort verschaffte ich mir einen Vorsprung – vielleicht nicht unmittelbar emotional, aber kognitiv. In der Schule wollte ich mir, von der Angst getrieben, die Selbstständigkeit aneignen, und wollte das tun können, was Erwachsene konnten. Ich lernte, mir Ziele zu setzen, die sich wohl nur wenige Kinder in meinem Alter gesetzt hatten. Ich lernte, hartnäckig und zielstrebig zu bleiben und alle Energie, die ich in mir trug, zu verwenden, um mein Ziel zu erreichen. Schon als Jugendlicher wurde ich zum Thema der Hypnose geführt, um meine eigenen Ängste vor dem Unerwarteten zu lösen. Ich lernte das, was ich meinem Vater gewünscht hätte, was ihn aber nicht erreichte, bevor er sein eigenes Schicksal in die Hand nahm.

Heute wünschte ich mir, ich könnte ihm zeigen, welch positive Kraft die Angst in sich trägt und wie man nicht gegen die Angst ankämpfen, sondern gemeinsam mit der Angst für die eigenen Ziele und Wünsche kämpfen kann. Dies ist die Einsicht, mit der ich dir in deine Kraft verhelfen möchte. Du hast alles, was du dazu brauchst, in dir. Alles ist in dir.

Die Illusion des „Auf und Ab"

In der Gesellschaft legt man großen Wert auf Normalität. Das Wort „normal" leitet sich vom lateinischen Wort „normalis" ab, was so viel heißt wie „dem Winkelmaß entsprechend" oder „in der Regel". Wer also „normal" ist, entspricht der Regel der Gesellschaft. Wer nicht normal ist, entspricht nicht der Norm. Und wer nicht normal ist, wird von der Gesellschaft normal gemacht. Dies beginnt schon sehr früh – in der Kindheit. Wir werden als Kinder in einer Schablone geformt, in der wir Wissen in ganz spezifischen Bereichen aufweisen müssen und darin auch bewertet werden. Die Bewertung unseres abrufbaren Wissens entscheidet dann darüber, wie viele Möglichkeiten uns später offen stehen werden. Wer möglichst viele Fragen korrekt beantwortet, erhält bessere Noten. Den Kindern mit den besseren Noten wird dann ermöglicht zu studieren, was bedeutet, dass diese Kinder später mal mehr Geld verdienen werden. Es soll also „normal" sein, dass man, wenn man mehr Fragen richtig beantwortet, ein im Stundenlohn abgerechnet wertvollerer Mensch ist. Wir werden folglich bereits von klein auf darin konditioniert, dass es normal sei, das es für alle Fragen eine richtige Antwort gibt. Ein absolut absurder Grundsatz – zumal selbst in exakten Wissenschaften immer wieder neue Erkenntnisse bisherige Weltbilder völlig auf den Kopf stellen. Doch diese Grundhaltung unserer Gesellschaft „normalisiert" die Ideologie, die Talente, das Wissen und das Verhalten jedes Einzelnen von uns. Diese Grundhaltung stumpft uns ab. Sie ordnet uns ein. Sie will uns langweilig machen.

Sie will uns „normal" machen. Als ich kurz vor dem Grundschulabschluss nicht wusste, welchen Beruf ich erlernen sollte, suchte ich Rat bei Lehrkräften und Berufsberatern. Niemals habe ich Lehrer oder Berufsberater sagen hören, dass es möglich sei Bestsellerautor zu werden. Ich wurde auch nie ermutigt Geschäftsführer zu werden. Firmen zu gründen. Nein. Ich wurde von Lehrern und Berufsberatern darin bekräftigt etwas „Anständiges" zu lernen. Oder noch besser: zu studieren.

Wenige Jahre nachdem ich bei der Berufsberatung war, erhielt ich als Geschäftsführer meiner eigenen Firma Bewerbungen von Studienabgängern, welche keinen Job hatten und gerne in meiner Firma gearbeitet hätten.

Ich relativierte unser „normales" System sehr schnell.

Diese „Normalität" findet sich nicht nur in der Art wie wir leben wieder, sondern auch in der Art wie wir uns fühlen. So sollten wir uns ständig glücklich, oder zumindest „normal" fühlen.

Wer damit Schwierigkeiten hat, wird ausgeschlossen, sollte Psychopharmaka schlucken oder wird in eine psychiatrische Klinik zwangseingewiesen.

Ein Aspekt vieler Gesellschaften, der noch viel geistige Arbeit, Relativierung und Fortschritt fordert. Fortschritt in der Leichtigkeit und Akzeptanz der Vielfalt auf unserem Planeten.

Die Normalität darf man als einen Toleranzbereich der Gesellschaft begreifen, der scheinbar als Ideal angesehen wird.

Wir können uns dies wie folgt vorstellen:

NORMAL

Wer sich nicht in dem von der Gesellschaft vorgegebenen Bereich aufhält, wird als, wie man sagt, „abnormal" bezeichnet. Das heißt, man entspricht nicht der Norm.

Doch wenn wir die Gemütszustände während unseres Lebens grafisch festhalten würden, so würde dies ehrlicherweise wohl wie folgt aussehen:

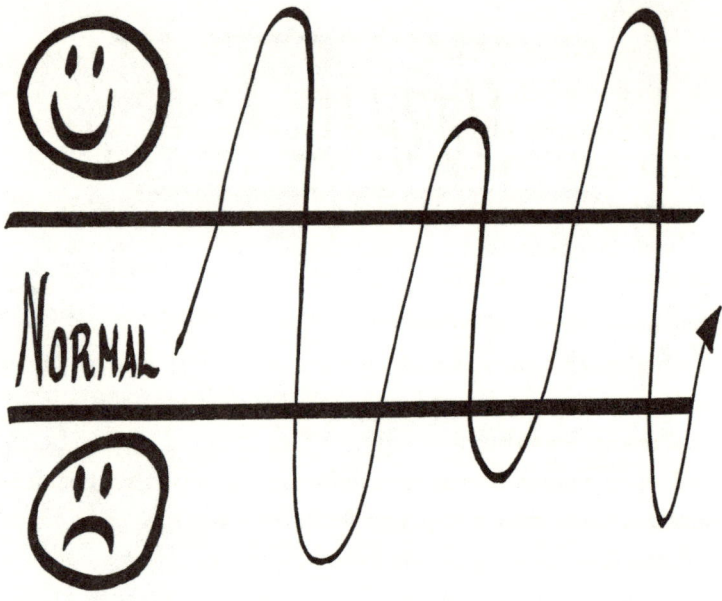

Mal sind wir glücklich, mal traurig. Mal ohne Sorgen, mal von Sorgen begleitet. Mal voller Energie, mal antriebslos. Mal befinden wir uns jedoch auch in einem „normalen" Gemütszustand, der weder negativ, noch äußerst positiv bewertet ist. Ein Zustand, in dem alles „einfach läuft".

Wer ehrlich zu sich selbst ist, muss zugeben, dass er all die beschriebenen Gemütszustände bei sich beobachten kann. Jeder von uns kennt sie alle. Und genau dieses Bild hat sich auch in die Köpfe unserer Gesellschaft gebrannt. Die Vorstellung des „Auf und Ab". Die Vorstellung, dass es mal schlechter, mal besser liefe. Die Vorstellung, dass allein die Momente, die sich gut anfühlen, als positiv zu deuten sind. Und die Vorstellung, dass die Momente unterhalb der „normalen Spannbreite" als negative Erfahrungen zu deuten seien.

Psychiater und Psychotherapeuten sprechen oftmals auch von „depressiven Episoden", welche die antriebslosen, lustlosen, nachdenklichen Phasen unseres Lebens beschreiben sollen. Und sie sprechen von „manischen Episoden", welche die äußerst energiegeladenen, angetriebenen, euphorischen Phasen unseres Lebens widerspiegeln sollen. Eine „Diagnose", der viele Menschen, die nicht wirklich Depressionen haben, zu viel Glauben schenken. Und zwar unter anderem, weil die Pharmakonzerne es geschafft haben, die Psychiater davon zu überzeugen, dass es nicht normal sei, wenn man zu lange niedergeschlagen ist – oder zu stark ausgeprägte Stimmungsschwankungen hat.

Was in jedem Menschenleben absolut gewöhnlich ist – nämlich, dass man allein im Verlaufe eines einzigen Tages Stimmungsschwankungen hat – wird plötzlich abnormal. Die Pharmakonzerne schufen Medikamente, um die herum wiederum Krankheitsbilder geschaffen wurden. Und schon werden gewöhnliche Gemütsschwankungen zu bipolaren Störungen. Diese zu rasch getroffenen und meines Erachtens oft nicht legitimen Diagnosebilder führen dazu, dass die Menschen sich zu große Sorgen machen, wenn ihnen ihre Stimmungsschwankungen auf einmal bewusst werden. Und sobald wir uns über unsere Stimmungsschwankungen Sorgen machen, orientieren wir uns an dem Modell es „Auf und Ab". An dem Modell, das alleine durch psychotherapeutische oder ärztliche Äußerungen wie „depressive Episode" und „manische Episode" suggerieren kann, dass es Episoden gebe, in denen unsere Stimmung abnormal sei. Episode steht gleichbedeutend für einen Abschnitt – oder für eine Phase. Und wenn wir uns nur noch an unseren „Phasen" orientieren, so beginnen wir, uns selbst zu hypnotisieren – nämlich mit der Vorstellung, es gäbe ein ständiges „Auf und Ab".

Und genau hier widerspreche ich diesem Modell. Ich widerspreche der Vorstellung des „Auf und Ab". Ich widerspreche der Annahme, dass Momente der Nachdenklichkeit, Momente der Antriebslosigkeit als negativer zu deuten seien als Momente der Freude und des Wohlbefindens. Denn es liegt ausschließlich an der Perspektive. Es liegt im Auge des Betrachters. Es ist der Blickwinkel, der uns dieses Gefühl vermittelt.

Deshalb möchte ich nun mein persönliches Modell vorstellen, welches eine neue Betrachtungsweise ermöglicht. Wir verlassen die Blickweise des „Auf und Ab", indem wir eine neue Perspektive erlangen. Bislang haben wir alles von einem Blickwinkel aus betrachtet, der die „depressiven Phasen" unterhalb des „normalen Gemütszustandes" verortet und die euphorischen Momente des Lebens oberhalb.

Doch nun ändern wir diese Betrachtungsweise und schauen dieses Modell nicht von der Seite an, sondern von oben herab. Wir erlangen eine Vogelperspektive. Eine Metaperspektive. Mit dieser Vogelperspektive möchte ich uns verdeutlichen, dass wir alle den „neutralen Bereich" als unsere Straße betrachten dürfen. Unseren Weg. Unseren Lebensweg. Unsere Straße, die tief gefestigt wurde. Vielleicht wurde sie mit Pflastersteinen gebaut, oder vielleicht wurde sie sogar geteert.

Dieser Straße folgen wir. Und die Seite, die wir bislang als die „negative Seite" betrachtet haben, wird nun zur rechten Seite, abseits der Straße. Und die bisher „positive Seite" sehen wir nun als die linke Seite abseits der Straße an. Es gibt also kein „Auf" und „Ab" mehr. Es gibt nur noch „links" und „rechts". Auf unserem Lebensweg gehen wir mal hier, mal da, mal abseits der Straße. Wer will schon ausschließlich auf der geteerten Straße gehen, wenn es noch so viel Spannendes drum herum zu sehen gibt. Die rechte Seite wird von den „Unwissenden" oftmals als gefährliche Seite betrachtet. Stellen wir uns vor, diese rechte Seite der Straße ist von vielen Bäumen bewachsen, die einen Wald bilden. Einen Wald, den viele meiden, weil er von außen keinen Einblick ermöglicht, und deshalb bei vielen Menschen ein Gefühl des Unbehagens bis hin zum Gefühl der Angst auslöst. Ein Wald, der den Einblick erst ermöglicht, wenn man sich in diesen Wald hineinbegibt. Ein Wald, in dem viele Tiere lauern sollen, von denen man nicht wirklich weiß, wie gefährlich sie sind. Weshalb sich letztendlich auch niemand in diesen Wald getraut.

Auf der linken Seite der Straße herrscht die Sonnenseite. Die freie Sicht. Es gibt wunderschöne weite Hügel, einen sichtbaren Horizont in der Ferne. Auf den Hügeln sind Apfelbäume, Orangenbäume und Nussbäume. Wunderbare Nüsse und Früchte, die einem das Leben versüßen sollen.

Schon hier erkennen wir, dass das Bild des „Auf und Ab"
nicht mehr funktioniert, weil es Menschen gibt, die sich in
abenteuerlichen, mystischen Wäldern wohler fühlen als unter
einem freistehenden Nussbaum auf einem Hügel.

Wir dürfen lernen zu erkennen, dass beide Seiten Vor- und
Nachteile bergen. Selbst die geteerte Straße hat zwei Seiten –
eine positive wie eine negative. Die positive Seite der „Normalität" ist die Gewissheit, die sie gibt, dass alles in einem
überschaubaren Rahmen geschieht – eben nichts Abnormales
geschehen kann. Zudem gibt es auf der geteerten Straße den
Vorteil, dass alles voraussehbar ist. Denn die Straße wird selbst
nach einigen Kilometern zurückgelegter Strecke immer noch

dieselbe Straße sein – geteert und gefestigt. Vergleichbar mit einem Bahngeleis, dem man zu Fuß folgen darf, in der Gewissheit, dass irgendwo eine nächste Haltestelle kommen wird. Die Normalität gibt uns folglich eine Form von Gewissheit und Sicherheit.

Die negative Seite an der geteerten Straße – der Normalität – ist die Langeweile. Es gibt wohl kaum etwas Langweiligeres und Eintönigeres, als immer nur diese Straße entlangzugehen und mit nichts und wieder nichts konfrontiert zu werden als dieser Straße. Immer nur dasselbe zu tun; keine Herausforderungen mehr angehen zu können, keine Möglichkeit mehr zu haben, mit den eigenen Stärken und Schwächen konfrontiert zu werden und mit allen unseren Sinnen das Leben in seiner Fülle leben zu dürfen.

Blicken wir zur rechten Seite fernab der Straße, zum Wald, so lassen die mystischen Geräusche von den im Wald lebenden Tieren, den vom Winde raschelnden Bäumen und die Ungewissheit, was in diesem Wald vorgeht, ein unangenehmes Gefühl des Unbehagens in uns aufkommen. Diese mögliche „Gefahr" löst in vielen Menschen eine Form der Angst aus. Eine also meist negative Betrachtungsweise. Doch wer all seinen Mut zusammennimmt und sich in den Wald hineinbegibt, der wird in diesem Wald Tiere antreffen, von denen viele Menschen nicht einmal wissen, dass es solche Tiere gibt. Wer sich in diesen Wald begibt, wird sich sogar mit den Tieren, welche alle anderen als gefährlich ansehen, anfreunden und erkennen, dass jene Tiere selbst ängstlich und im Grunde sehr zutraulich und liebesbedürftig sind. Wer durch den von außen betrachtet dunklen Wald geht, wird erkennen, welch Paradies in diesem Wald liegt. Wie wunderbar das sanfte Moos im Wald ist – die schützenden Bäume, welche all den Wind, den Regen und viele Unwetter abschirmen und welche eine schützende Kuppe um all die im Wald lebenden Tiere und Menschen bilden. Ein schützendes Dach. Eine Idylle. Wer folglich im Wald war, hat Dinge gelernt, welche man nur lernen kann, wenn man sich getraut, in den Wald zu gehen. Wenn man sich getraut, sich der Gefahr zu stellen. Und man letztendlich keine Angst mehr hat vor all dem vermeintlich Gefährlichen, sondern gestärkt aus dem Wald rauskommt, zurück auf die Straße, in der Gewissheit, dass der Wald eine der wertvollsten Erfahrungen überhaupt war. Dies ist eine fantastische, positive Sicht auf diese „rechte Seite". Sie ermöglicht uns, das vermeintlich Negative als Chance zu sehen und zu nutzen.

Auch die von der geteerten Straße sich links befindende Seite hat wunderbare Aspekte. Es ist die Weite, die uns dort inspiriert. Der Horizont. Es ist die Offenheit, die uns die Möglichkeit gibt, uns zu entfalten – jedoch eben auch einfach nur zu genießen. Wer sich unter einen Nussbaum legt und das durch den Baumwipfel durchdringende Lichtspiel genießt, kann zwar in Ruhe und frei von jeglichen Ängsten das Leben in diesen Momenten genießen, jedoch wird auch diesem früher oder später eine Nuss auf den Kopf fallen. Das kann schmerzhaft sein. Unter dem Walnussbaum bestimmt etwas weniger als unter der Palme.

Mit diesem Modell möchte ich verdeutlichen, dass jede Seite ihre positiven wie negativen Seiten in sich trägt – und dass jede Seite denselben Wert hat – die „linke Seite" ebenso wie die „rechte Seite", genauso wie die „normale Strasse".

Damit möchte ich aufzeigen, dass Momente oder Lebensphasen des mangelnden Antriebes, der Nachdenklichkeit und der Sorgen nicht immer gleich negativ gedeutet werden müssen. Denn wer etwas depressiv verstimmt war, wird um einige Lösungsansätze reicher zurück auf die geteerte Straße kommen und sehr viele autogene Fähigkeiten gewonnen haben. Mehr als auf der geteerten Straße oder unter dem Nussbaum je möglich gewesen wären.

Ich persönlich habe früher sogar absichtlich die bewusste Konfrontation mit meinen eigenen negativen Gefühlen und negativen Gedanken gesucht. Ich habe mich folglich gemäß meinem Modell in den Wald begeben. Um mich dort umzusehen und Erfahrungen zu sammeln. Erfahrungen, die mich als Therapeut, als Lehrtrainer, als Gesellschafter und Buchautor weitergebracht haben. Erfahrungen, die es mir ermöglichen, die Menschen, die ich therapiere, in meinem tiefsten Inneren zu verstehen. Deshalb habe ich mich bewusst jedes einzelne Mal, wenn wieder eine Angst oder ein negativer Gedanke aufkam, diesen gestellt – habe diese ähnlich wie in einem Labor seziert und analysiert, um ein Heilmittel oder ein Heilverfahren zu schaffen und aus dem Potenzial der negativen Gedanken das Bestmögliche herauszuholen. Heute weiß ich, dass sehr viel von dem, was ich erschaffen habe, durch negative Erfahrungen entstehen durfte. Ich eröffnete meine eigene Praxis, als ich auf der Bühne, wo ich ganz früher mal stand, eine negative Erfahrung machte. Ich war damals Mentalist und verblüffte viele Menschen mit mentalen Experimenten auf der Bühne, bis ich eines Tages aufgrund einer negativen Erfahrung auf der Bühne die Eingebung hatte, nun definitiv meiner inneren Stimme folgen zu dürfen und meinen Weg als Therapeut fest einzuschlagen. So gründete ich meine eigene Praxis sowie später dadurch meine eigene Firma. Die negativen Erfahrungen waren es, die mir den Willen gaben, die Autonomie in mir zu stärken, um Gutes zu bewirken.

Diese Autonomie kam in mir unter anderem deshalb auf, weil ich von vielen Menschen, die mir das Blaue vom Himmel versprochen hatten, enttäuscht worden war. Weil man mir viele Versprechen gegeben hatte, die man nicht einhielt. So, bis ich letztendlich zur Entscheidung kam, dass ich das Gute, wovon viele andere immer nur sprechen, es aber nicht tun, einfach selbst tu. Und dass ich frühestens, wenn ich es getan habe, davon spreche. Diese Autonomie, die ich mir selbst „im Wald" aneignen durfte, ermöglichte es mir, dass ich mich nun nicht nur Therapeut nennen darf, sondern auch Präsident des Verbandes Schweizer Hypnosetherapeuten, Marketingfachmann, Referent, Autor von Bestsellern und Verleger des eigenen Sachbuchverlages. Auf all diese aus negativen Erfahrungen entstandenen Energien zurückblicken zu dürfen, ist vergleichbar mit einem Künstler, der auf seine in einem Museum präsentierten Gemälde blickt, welche in Momenten der Nachdenklichkeit gemalt wurden.

Der Verband Schweizer Hypnosetherapeuten entstand dadurch, dass ich während meiner Arbeit als Hypnosetherapeut die negative Erfahrung sammelte, dass es ein Hypnoseverband gab, der nur mit dem Finger auf diejenigen zeigte, die nicht dazugehörten. Mir fehlte ein Verband, der wirklich verbinden wollte. So initiierte ich letztendlich die Gründung des Verbandes für Hypnosetherapeuten, in dem alle willkommen sind, die irgendwo eine Hypnoseausbildung absolviert haben. Diesen Verband gründete ich deshalb, weil ich die Bedeutung des Wortes „Verband" als zu wertvoll empfand, als dass sie nicht gewürdigt würde. Ein Verband sollte verbinden und nicht ausstoßen. Die Rechtsform eines Verbandes ist ein Verein – und wie es das Wort „Verein" schon ausdrückt, sollte ein Verein vereinen, um mit gemeinsamer Kraft mehr zu bewegen. Bis heute darf ich sagen, dass die negativen Erfahrungen in meinem Leben die waren, die mich angetrieben haben, Dinge zu schaffen, die ich sonst vielleicht nie geschaffen hätte.

Zudem machte ich auch die Erfahrung, dass ich Größeres bewirken durfte, wenn ich in keinem so guten Gemütszustand war, als in den Momenten, in denen ich überglücklich war. So kann ich mich beispielsweise an ein Referat erinnern, das ich halten musste, bei dem ich aufgrund eines negativen Erlebnisses im Vorfeld in keiner guten Verfassung war. Natürlich wollte ich mir dies nicht anmerken lassen. Und dennoch fühlte ich mich auf der Bühne weniger sicher, sprach etwas ruhiger und habe wohl einen etwas nachdenklicheren Eindruck gemacht. Dieses Referat war für mich persönlich natürlich keine Höchstleistung – jedoch war es eines der Referate, für die ich am meisten Lorbeeren erntete. Die Rückmeldungen waren fantastisch und unter anderem die, dass ich sehr souverän wirkte. Diese Erfahrung zeigte mir auf, dass auch eine Phase, die sich im Moment nicht so gut anfühlt, wunderbare Auswirkungen in sich bergen kann.

Auf manche Menschen spricht man sogar unter Umständen besser an, da man in solchen Momenten wohl etwas ruhiger bleibt – man sich vielleicht zweimal überlegt, wie man etwas formuliert, und dadurch auch souveräner wirkt. Wer hingegen sehr flippig und aufgedreht ist, kann auf den einen oder anderen auch unangenehm wirken – ein solcher Zustand birgt also nicht nur Vorteile, auch wenn es sich in diesen Momenten gut anfühlt. Mit diesem Beispiel möchte ich auch den Menschen, die behaupten, nachdenkliche Phasen würden sie blockieren, die Angst vor solchen Phasen nehmen. Ich möchte aufzeigen, dass es auch möglich sein kann, dass uns negative Gedanken und Momente der Nachdenklichkeit antreiben und uns in unserer Autonomie, Lösungen zu finden, fördern können.

Ich persönlich mag es natürlich sehr, wenn ich die Vorzüge des Lebens genießen kann und fernab von jeglichen Ängsten und Sorgen auf der linken Seite der Straße stehen kann. Es ist etwas Wundervolles – und dennoch möchte ich die Ruhe der Gewissheit einkehren lassen, dass vermeintlich negative Erfahrungen ebenso positive, treibende Kräfte aufkommen lassen können. Man muss es nur zulassen, sich seinen Ängsten stellen und die positiven Auswirkungen und Veränderungen von negativen Gedanken erkennen können.

Wer im Wald war, wird sich seinen eigenen Ängsten gestellt haben und dadurch um Mut, Stärke und Erfahrung bereichert worden sein. Er wird ab sofort immer wieder die Seiten wechseln – sich mal auf die linke Seite, mal auf die rechte Seite oder auf die Straße der Normalität begeben.

Es ist auch kaum möglich, ständig nur auf einer Seite zu gehen – also immer nur im Wald, auf der Straße oder unter dem Nussbaum zu sein. Es ist eine Utopie, zu glauben, es entspräche einem Ideal, ständig nur auf der geteerten Straße zu gehen und dadurch der „Normalität" anzugehören. Diese Eintönigkeit würde uns alle um den Verstand bringen.

Ebenso wäre es kaum zu ertragen, ständig nur im Wald zu sein oder ewig unter dem Nussbaum zu liegen. Immer nur in allem das Negative zu sehen, wäre genau so unerträglich, wie ständig lachen zu müssen und ständig glücklich sein zu müssen. Im ersten Moment mag es noch verlockend klingen, ständig glücklich zu sein – doch auf die Dauer hätte wohl auch das nicht mehr denselben Wert. Glücklich zu sein würde dann zur Normalität. Ich vergleiche es, wenn ich darauf angesprochen werde, immer mit dem ewigen Leben. Im ersten Moment mag es verlockend klingen, doch wer sich intensiver mit dem Gedanken des unendlichen Lebens beschäftigt, wird bemerken, dass durch die Unendlichkeit der Wert des Lebens nicht mehr derselbe sein würde.

Ich persönlich schätze das Leben in all seiner Vielfalt. Ich schätze jede einzelne Sekunde. Jede bereichernde Erfahrung und alles, was ich durch mein Leben erfahren und schaffen darf. Ich bin dankbar für jede Sekunde, die ich leben darf. Und dennoch löst der Gedanke des unendlichen Lebens in mir ein unangenehmes Gefühl aus. Dies obwohl ich mir keine Unendlichkeit vorstellen kann.

Ich vergleiche dies oftmals mit einer Praline. Eine Praline hat den besonderen Wert, weil sie derart klein und dennoch so delikat ist. Eine Praline muss man sich auf der Zunge zergehen lassen. Und hätten wir unendlich viele Pralinenschachteln, oder Pralinen-Schokoladentafeln oder Pralinenkuchen vor uns liegen, so hätte die Praline nicht mehr denselben Wert. Folglich ist das, was nur eingeschränkt zu genießen ist, umso wertvoller.

Wir sollten deshalb die Pralinen unseres Lebens genießen.

Es gibt kein „Auf und Ab" mehr – sondern nur noch „rechts und links". Mal gehen wir rechts, mal gehen wir links, mal gehen wir in der Mitte. So soll es sein. So darf es sein.

Erlebe die Gelassenheit, die das Leben dir ermöglicht, und lass dich einfach geschehen.

Die Gleichung des Lebens

Wir alle lernen in der Schule, was eine Gleichung ist. Mit einer Gleichung beschreiben wir die Gleichheit zweier Größen. Im Mathematikunterricht war die Berechnung von Gleichungen oft eine eher unangenehme Angelegenheit. Und dennoch erkennen wir, dass wir in unserem täglichen Leben allgegenwärtig umgeben sind von Gleichungen. Denn alles, was wir sehen, fühlen, riechen und gar überhaupt wahrnehmen können, steht in einem Gleichnis. So blüht eine Blume, wenn der Samen unter optimalen Bedingungen von Wärme, Licht, Wasser und nahrhaftem Boden gedeihen darf. Es regnet, weil die Sonne mit ihrer Energie das Wasser auf unserer Erde verdunsten und im Himmel kondensieren lässt. Und der Wind weht, weil es durch die Wärme und Kälte erzeugte Hoch- und Tiefdruckgebiete gibt.

Für das meiste im Leben scheint es eine Gleichung zu geben. Unser Leben scheint beinahe in einer Formel zusammenfassbar zu sein. Und auf beinahe jede Frage gibt es eine Antwort – selbst wenn es die Antwort meiner früheren Lehrer war, dass die Wissenschaft auf meine Frage noch keine Antwort kenne. Doch die Wissenschaft gibt einem zumindest das Gefühl, als wäre sie proaktiv daran, auf all unsere Fragen eine Antwort zu finden.

Dieses Gefühl vermittelten mir meine Lehrer in der Schule. Wie auch ich, so geht jedes Kind zur Schule, um dort zu lernen, was die Welt uns zu sagen hat. Um objektive Antworten auf Fragen zu erhalten.

So lernte ich beispielsweise, dass es auf mir gestellte Fragen meist nur eine richtige Antwort gab. Insbesondere in exakten Wissenschaften wie in der Mathematik, aber selbst später in höheren Schulstufen, als weniger exakte Wissenschaften gelehrt wurden.

Wurde mein Wissen getestet, so konnten meine Antworten entweder richtig oder falsch sein. Schon sehr früh wurde mir bewusst, dass ich die größte berufliche Auswahl, die gesellschaftlich höchste finanzielle Entlohnung und das Ansehen dann haben würde, wenn ich möglichst viele der mir gestellten Fragen richtig beantwortete. Die Richtigkeit meiner Antworten wurde in einer Bewertung zusammengefasst – der Schulnote.

Die Schulnote lehrte mich, worauf es angeblich im Leben ankomme: die richtigen Antworten.

Heute ist mir bewusst, dass wir alle Opfer unseres globalen Bewertungssystems wurden. Uns wurde suggeriert, dass es auf beinahe alles im Leben eine richtige Antwort gebe. Man müsse sie nur finden. Die einzige Toleranz gab es dann, wenn eben die Wissenschaft selbst noch keine richtige Antwort kannte.

Spannend finde ich auch, wie viele als richtig behauptete Hypothesen nach einigen Jahren widerlegt werden – und doch wurden in der Zwischenzeit viele Menschen nach den bis dato gelehrten Wahrheiten bewertet und erhielten vielleicht aufgrund einer „falschen" Antwort, welche einige Jahre später als richtig bewertet worden wäre, eine schlechtere Schulnote, somit einen schlechteren Schulabschluss und hatten so eventuell auch eine geringere Berufsauswahl.

Vor dreitausend Jahren lernte man, die Welt sei eine Scheibe. Wer sich gegen diese „Objektivität" wehrte, musste dies mit dem Leben bezahlen.

Und bis Mitte des 17. Jahrhunderts meinte man noch, Licht wäre unendlich schnell. Heute weiß man, dass Licht nicht nur als Teilchen, sondern auch als elektromagnetische Welle wahrgenommen werden kann und es von Forschern immer auch als das gemessen werden kann, als das sie es sehen möchten. Wollen Forscher Licht als Teilchen sehen, so werden sie es als Teilchen sehen können. Möchten Forscher Licht als Welle wahrnehmen, so werden sie es als Welle wahrnehmen können.

Die Quantenphysik geht gar von der möglichen Existenz von Paralleluniversen aus – eine Annahme, die bis vor wenigen Jahrzehnten in der Wissenschaft eine kommunikative Unmöglichkeit dargestellt hätte, weil eine solche Hypothese niemand ernst genommen hätte.

Besonders faszinierend finde ich es, wenn selbst in exakten und strengen Wissenschaften wie der Medizin auf einmal als gültig angenommene Hypothesen und Theorien widerlegt werden.

Die Theorien der Hypnose – wie ich sie therapeutisch ausführe – sind dabei seitens der Wissenschaft noch heute zu wenig erforscht. Man kann sich nicht erklären, weshalb unsere Kognition im Zustand der hypnotischen Trance anders auf Einflüsse reagiert. Und dies, obwohl es die Hypnose bereits seit Tausenden von Jahren gibt.

Egal, ob es die Physik, die Medizin oder Themen wie die Hypnose betrifft – die Menschen suchen Erkenntnisse über die Wahrheit und Richtigkeit.

Dadurch, dass uns gelehrt wird, wir seien von richtigen Antworten umgeben, werden wir bereits in frühen Jahren in unserem Denken, Fühlen und Verhalten konditioniert. Und wir beginnen, uns mit der Zeit ganz von selbst zu bewerten, und wollen eben diese richtigen Antworten finden. Dies beginnt in der Kindheit und setzt sich fort bis hin ins hohe Alter. Wir bewerten, ob wir wirklich den richtigen Job haben, ob es die richtige Entscheidung war, das Haus zu verkaufen oder überhaupt zu heiraten.

Unser eigenes Verhalten wird so von uns selbst bewertet. Dies, was anfangs noch die Erwachsenen für uns getan haben, wird auf einmal von unserem Unterbewusstsein übernommen.

Wir sollten eine Leichtigkeit über die uns suggerierte Objektivität erlangen. Die Gewissheit, dass selbst wissenschaftliche Erkenntnisse nur in Abhängigkeit der Zeit bestehen. Die Wissenschaft ist nie endgültig. Es kommen immer wieder neue Theorien, Hypothesen und Erkenntnisse hinzu. Meist die, die man sich zuvor nicht mal vorgestellt hätte, die aber eines Tages plötzlich im Raum stehen.

Vor wenigen Jahren noch konnte man mit bloßem Auge wenige Tausende Sterne am Himmel sehen. Heute sind es mithilfe von Instrumenten weit mehr als über 50 Milliarden Galaxien, welche man sehen kann. Und jede Galaxie besteht aus Milliarden von Sternen. Selbst unsere Galaxie weist über 300 Milliarden Sterne und einen Durchmesser von 120 000 Lichtjahren auf. Zahlen und Dimensionen, die wir uns so gar nicht vorstellen können. Und dennoch versuchen wir selbst das, was wir uns nicht vorstellen können, in Gleichungen und Formeln zu setzen.

Zwar funktionieren die uns gelehrten Gleichungen, Formeln und Antworten in gewissen Bereichen des Lebens – jedoch darf es keine Bewertung geben. Keine Handlung in unserem Leben ist richtiger oder weniger richtig. Im Leben gilt diese Bewertung im Allgemeinen nicht mehr. Es ist kein richtigeres Leben, wenn man akademisch den bestmöglichen Abschluss macht, man sich eine Villa am See gönnt und sich mit vierzig Jahren frühpensionieren lassen kann. Der Glaube an das richtige Leben ist eine Utopie, die uns schon sehr früh eingeimpft wurde, und deren Abdruck immer noch irgendwo in unserem Unterbewussten schlummert.

Machen wir uns dies jedoch mit jedem Mal etwas mehr bewusst, so ist es möglich, diese Prägung neu zu bewerten. So wird es möglich sein, in jeder Entscheidung, die wir fällen, eine Richtigkeit zu erkennen. Nämlich genau deshalb, weil jede Entscheidung, die wir treffen, für uns zum Zeitpunkt, an dem wir sie treffen, die passendste Entscheidung ist. Selbst wenn wir uns dazu entscheiden, etwas zu tun, was uns eigentlich keine Freude bereitet, aber uns Sicherheit verschafft, so war es zu dem Zeitpunkt, als wir diese Entscheidung getroffen haben, unser höheres Bedürfnis nach Sicherheit als nach Selbstverwirklichung. Oder die erlangte Sicherheit war ein Mittel, um schneller zur Selbstverwirklichung und Freude zu gelangen.

Ebenso wenn wir etwas tun, weil wir dazu gedrängt werden, oder wir etwas nur tun, damit jemand anderem etwas verwehrt wird, so müssen wir uns – auch wenn wir unser Verhalten nachwirkend bereuen – in unserer Menschlichkeit zu akzeptieren versuchen. Wir müssen verstehen, dass wir zu dem Zeitpunkt, als wir die Entscheidung getroffen haben, diesen Weg als den für uns geeignetsten Weg erkannt haben. Wir konnten es nicht besser wissen – selbst, wenn man es uns geraten hätte, so wären wir vielleicht noch nicht so weit gewesen, um den Rat aus der richtigen Perspektive zu betrachten.

Wir dürfen vom Gedanken abkommen, dass nur gewisse Entscheidungen in unserem Leben tiefere Konsequenzen haben, oder nicht mehr rückgängig zu machen sind. Dies ist unser Denkfehler, denn keine durchgeführte Entscheidung ist rückgängig zu machen. Das ist die wunderbare Erfahrung unseres Lebens. Auch die, dass jede Entscheidung eine Konsequenz mit sich bringt, die unser Leben beeinflusst. Denn wir wissen, dass selbst kleine Handlungen unser Leben in den darauffolgenden Jahren maßgebend verändern können – folglich hat jede Entscheidung lebenslängliche Konsequenzen. Jede. Selbst die Entscheidung, morgens einen Kaffee zu trinken, kann eine ersichtliche, lebenslängliche Konsequenz haben.

Die Chaostheorie besagt, dass ein Schmetterlingsflügelschlag einen Tornado auslösen kann. Wir wissen, dass ein bestimmter Gedanke genauso gut einen Streit wie auch eine Handlung auslösen kann, die einen maßgebenden Erfolg mit sich bringt. Weil jede Handlung beim Gedanken beginnt. Ein Gedanke kann dein Leben folglich von Grund auf verändern, wenn du dies zulässt. Auch können wir die Gedanken, die gedacht wurden, und die damit verbundenen Entscheidungen nicht mehr rückgängig machen. Dies ist aber nicht erst der Fall, wenn wir gehandelt haben, sondern vielmehr bereits wenn die Gedanken über die Sachlage vorhanden sind. Denn sobald der Gedanke über eine mögliche Entscheidung nur präsent ist, so haben wir uns, wenn nicht bewusst, dann unterbewusst, bereits dazu entschieden, diesem Gedanken Raum und Zeit zu geben. Der Gedanke wird Teil unseres Lebens.

Niemand wird uns sagen können, ob wir nun die uns bleibende Zeit mit den richtigen Gedanken, Gefühlen und Verhaltensweisen verbringen. Aus dem Grunde, weil es hierbei keine allgemein gültige Richtigkeit gibt. Der Gedanke wird

Teil unseres Lebens, das in dieser physischen Form räumlich und zeitlich begrenzt ist.

Natürlich gibt es eine gewisse Richtigkeit in Grundregeln, die befolgt werden müssen, damit unser Leben auf diesem Planeten überhaupt möglichst frei stattfinden kann – wie beispielsweise der ethische Codex, dass wir niemandem bewusst und böswillig physisch und psychisch schaden. Dadurch ermöglichen wir uns, dass wir uns in unserer Gesellschaft sicher fühlen und uns so auch in unserer Freiheit entfalten können.

Das richtige Leben ist dein Leben. Alles, was du denkst, fühlst und tust, ist für dich in dem Moment, in dem du es tust, das Richtige.

Lass dich einfach geschehen und erkenne den Wert der Erfahrungen, die du sammeln darfst.

Erkenne, dass es immer mehrere Perspektiven für ein und dieselbe Gegebenheit gibt. Und erkenne, dass keine dieser Perspektiven richtiger oder wahrer ist.

Wer beispielsweise zwanzig Jahre über in einer Beziehung war und nach der Trennung bereut, viele Möglichkeiten als alleinstehender Mensch nicht wahrgenommen zu haben, kann erst nach zwanzig Jahren Beziehung wissen, wie sich zwanzigjährige Beziehungen anfühlen können. Und wäre derselbe Mensch über zwanzig Jahre hinweg alleinstehend gewesen, so wäre innerhalb der zwanzig Jahre mit sehr großer Wahrscheinlichkeit der Wunsch nach einer langen und tiefen Beziehung aufgekommen.

Wer kein Haus kauft, kann nicht wissen, wie sich ein eigenes Haus anfühlt. Und wer sehr früh ein Haus kauft, kann nicht wissen, wie es sich anfühlt über die entsprechende Zeitspanne im selben Alter in einer Mietwohnung, einer Wohngemeinschaft oder in einem Campingwagen zu leben.

Jede selbst getroffene Entscheidung hat ihren Mehrwert. Diesen Mehrwert zu finden, gibt uns die Gelassenheit, das Leben so zu führen aber auch so beeinflussen zu können, wie wir uns dies wünschen.

Mein Gleichnis des Lebens ist die Gelassenheit. Die Freiheit. Die Liebe. Und all die Dinge, die noch keine Worte haben. Weil keine Worte ihnen den Wert geben können, den sie verdient haben.

Fahrradfahren

Wir alle haben uns als Kind schon mal verbrannt, und dennoch benutzen wir heute als Erwachsene den Herd, das Feuerzeug oder genießen das sanfte Kerzenlicht.

Wir alle sind als Kind beim Versuch, Fahrrad zu fahren, gestürzt, und dennoch können wir immer noch ganz unbeschwert Fahrradfahren.

Wir alle sind Zeugen des Optimismus. Zeugen der Zuversicht. Wir alle haben dem Schicksal auch schon vergeben können. Vergeben für die Brandblasen, für die Schürfverletzungen und all die unerwünschten Prägungen. Wir alle sind der Beweis dafür, dass es möglich ist, mit eigener Gedankenkraft gewissen Geschehnissen so wenig Raum zu geben, dass uns diese Geschehnisse nicht weiter negativ beeinflussen können. Und genau diese Fähigkeit, die in uns allen schlummert, dürfen wir verwenden.

Oftmals haben wir aufgrund unseres hohen Sicherheitsbedürfnisses das Gefühl, das Negative, was vorgefallen ist, von allen Blickwinkeln betrachten zu müssen, sodass uns dieses Negative in keiner Weise mehr widerfahren kann. Es ist der Überlebensinstinkt, der sich bemerkbar macht – der einerseits ganz normal ist, andererseits aber in manchen Situationen etwas überholt und nicht mehr notwendig ist. Sich über gewisse Dinge zu viele Gedanken zu machen, ist beinahe so, als würden wir mit aller Energie, die uns bleibt, eine solide Brücke bauen, obschon wir einfach durch den Fluss gehen könnten, im Bewusstsein, dass wir zur Not schwimmen könnten.

Natürlich gilt es zu beachten, dass der Raum, den man den negativen Geschehnissen gibt, oft auch von der eigenen Persönlichkeitsstruktur abhängt.

So gibt es beispielsweise Menschen, die nach einer negativen Erfahrung versuchen, rückblickend aus allen Blickwinkeln zu betrachten, was man hätte anders machen müssen, damit jene Situation anders ausgegangen wäre.

Zugleich gibt es Menschen, welche negative Erfahrungen förmlich verdrängen und diesen überhaupt keinen Raum geben, sodass letztendlich überhaupt keine Analyse stattfindet.

Vergleichen wir unser Verhalten in prägenden Situationen mit dem Verhalten des ehrlichsten Anteiles in uns, so tun wir dies mit unserem inneren Kind. Die Persönlichkeitsinstanz in uns, die ganz unverblümt, noch in manchen Dingen ungeprägt ist. Ganz ehrlich ist.

Ein Kind, das beispielsweise während dem Fahrradfahren in der Kurve stürzt und sich weh tut, wird kaum diesen Sturz von allen Seiten analysieren und von da an auf das Fahrradfahren verzichten.

Ebenso sind Kinder auch selten so veranlagt, dass sie einen schmerzhaften Sturz wegdenken, verdrängen und nach mehrmaligen Stürzen immer noch genauso leichtsinnig in dieselbe Kurve fahren.

Das Kind ist vielmehr ganz ehrlich mit sich und seinen Bedürfnissen. Nach dem Sturz werden die Schmerzen wahrgenommen und sich auch eingestanden. Die Verletzung wird versorgt. Der Sturz wird erklärt. Und das Kind ist sich bewusst, wo welche möglichen Grenzen bestehen. Jedoch hindert diese Erfahrung das Kind keineswegs daran, wieder Fahrrad zu fahren. Ebenso wenig hindert diese Erfahrung das Kind daran, mit hoher Geschwindigkeit Fahrrad zu fahren. Doch das Kind hat eine wertvolle Erfahrung gewonnen. Die Erfahrung der Endlichkeit des Positiven. Eine Erfahrung, welche dem Kind den Wert der Unversehrtheit und der Freude am Fahrradfahren ganz abseits des Auslotens von Grenzen aufzeigt.

Diese Ehrlichkeit eines jeden Kindes sollten wir uns in Momenten aneignen, in denen wir etwas denken, fühlen oder tun, nur aus der Angst heraus, dass erneut etwas Negatives eintreffen könnte.

Nur weil uns etwas Negatives widerfahren ist, heißt dies nicht, von dem Tag an auf die mit der damals negativen Erfahrung verbundene Verhaltensweise, Einstellung oder Bereitschaft verzichten zu müssen. Nein. Es zeugt von Stärke, wenn wir uns unser inneres Kind zum Vorbild nehmen, das nach dem Sturz mit dem Fahrrad etwas langsamer oder in Zukunft nur noch mit Fahrradhelm fährt, aber dennoch die Freude am Fahren nicht verliert, sondern das Fahrradfahren in allen Facetten und mit allen Sinnen noch intensiver genießt als zuvor.

Wenn wir uns von Ängsten befreien möchten, so kann uns hierbei die Vorstellungskraft behilflich sein.

Das Unterbewusstsein kann nach derart prägenden Ereignissen insbesondere mithilfe von inneren Bildern – der Vorstellung – bei der Positivierung unterstützt werden. Nämlich indem wir uns das vorstellen, was wir uns im Grunde wünschen. Das Kind, das gestürzt ist, sollte sich folglich vorstellen, wie es angstfrei Fahrrad fährt. Und wir Erwachsenen sollten uns, wenn wir von einer Angst heimgesucht werden, vorstellen, wie wir ganz angstfrei das tun können, was wir uns wünschen.

Selbst die Neurowissenschaft spricht von der Wirkung der inneren Bilder. Bis hin zu Studien, welche sich mit der anatomischen Veränderung des Gehirn rein durch die Arbeit mit inneren Bildern auseinandersetzen.

Wer sich folglich seinen Wunsch-Zustand oder sein Wunsch-Ziel innerlich sehr intensiv vorstellt, spricht in diesem Moment mit dem eigenen Unterbewusstsein, besänftigt und beruhigt dies und führt es zur Quelle des Positiven.

Vieles, was bisher nicht möglich schien, wird auf einmal spielend leicht – doch wie soll etwas möglich werden, was noch nicht mal in der Vorstellung existiert.

Aus der Vorstellung gestalten wir unsere Realität. Realität werden kann nur, wovon ich eine Vorstellung habe. Selbst in dem Moment, in dem ich mit einer Realität konfrontiert werde, brauche ich ein Verständnis von dem, was gerade vorfällt. Ich brauche Vorstellungen, damit ich überhaupt Teil dieser Realität werden kann.

Stellt man sich etwas vorerst mal nur vor, weiß das Unterbewusstsein bereits Bescheid über die Möglichkeit des Machbaren. Die Vorstellung ist einer der wichtigsten und stärksten Kräfte überhaupt. Stärker als die „Realität". Stärker als jede Objektivität. Stärker als der Zweifel.

Und selbst der Zweifel kann positiv sein – wenn seine implizierte Vorstellung positiv ist.

Als Hypnosetherapeut habe ich auch vielen Menschen bei der Befreiung von einer negativen Denkweise sowie Ängsten helfen können, gegen die sie bereits seit Jahrzehnten ankämpften. Und die Vorstellung, dass das jeweilige Muster derart „mächtig" sei, hatte sich für jene Klienten sogar bewahrheitet – weil sie bei sämtlichen vorangehenden Sitzungen bei anderen Therapeuten keine Erfolge verzeichnen konnten.

Dann kamen sie zu mir. Mit dem Zweifel, dass eine einzige Sitzung wohl kaum ausreichen würde, um von ihrer negativen Denk- und Verhaltensweise völlig befreit zu sein.

Und doch. Eine einzige Sitzung kann reichen. Muss nicht, aber kann. Sogar trotz der angestellten Zweifel. Der Zweifel ist in diesem Fall ein sehr dankbarer und positiver Zweifel. Weil er die Wunsch-Vorstellung beinhaltet. Und weil die Hypnose scheinbar Unmögliches möglich macht, haben sich diese Klienten zum ersten Mal ernsthaft vorstellen müssen, wie es wäre, wären sie nach einer Sitzung befreit und ihre Zweifel wirklich wahr würden. Und genau diese Vorstellung, dass nach nur einer Sitzung alles Negative weg sein könnte, war der Vorsprung des Unterbewusstseins, der beinahe Wunder bewirken kann.

Wer sich sein Ziel lediglich vorstellt, ist diesem Ziel bereits einen Schritt näher. Dies ist unser Unterbewusstsein. Unser Geist. Unser Potenzial.

Stell dir nun vor, wie dir deine eigene Vorstellung des Wunsch-Zustandes oder Wunsch-Zieles dabei behilflich sein wird, dein Ziel zu erreichen. Und stell dir vor, wie diese Vorstellung alleine dir die Möglichkeit verschafft, dich von deiner unerwünschten Denkweise zu befreien.

Dein Wunsch-Ziel kann für dein Unterbewusstsein nur existieren, wenn du ihm eine Vorstellung gibst. Stell dir also vor, wie es wäre, wäre es so wie du es dir wünschst. Und fühle, wie dein Unterbewusstsein ganz von selbst versuchen wird, dir diesen Wunsch zu erfüllen.

Er brauchte keine Worte,
denn er konnte fühlen

Es war Ostersamstag. Die Sonne zeigte sich erstmals wieder, nachdem die vergangenen Tage von einem grauen Wolkenmeer gezeichnet gewesen waren.

Enzo saß ganz ruhig da, hielt sein Gesicht in die Sonne und genoss die Wärme, die ihm die Sonne schenkte. Er war mitten im Leben. Enzo kam kurze Zeit nach dem Tod unseres Vaters in unsere Familie. Unsere Mutter wollte uns Kindern mit einem Familienhund die Möglichkeit geben, unseren Gefühlen Ausdruck zu verleihen – die Trauer durch den Hund zu bewältigen und uns zugleich an der Lebensfreude eines kleinen Welpen festhalten zu dürfen. So war es. Enzo war unser Sonnenschein. Der Cavalier Kind Charles Spaniel war äußerst sensibel und feinfühlig. Er war der ruhige, tröstende und treue Pol, der uns in der Verbundenheit bekräftigte. Er hatte ein großes Herz. Dies leider auch wortwörtlich – denn eine Diagnose ergab, dass seine Herzklappe gerissen war, und mit jedem Pulsschlag etwas Blut zurück in den Vorhof seines Herzens floss, was zu einem Wachstum des Herzens führte. Mit der Zeit wurde sein Herz so groß, dass es nur noch dann frei schlagen konnte, wenn Enzo auf all seinen vier Pfoten stand, oder wenn er saß. Sobald er sich hinlegte, drückte sein zu großes Herz auf seine Lungen, was ihm den Atem zuschnürte.

Enzo konnte so nicht mehr schlafen, da er, jedes Mal, wenn er sich hinlegen wollte, keine Luft mehr bekam. Diese Tatsache traf auch uns mitten ins Herz. Es war kaum zu verkraften, mitansehen zu müssen, wie Enzo von der eigenen Müdigkeit überwältigt jeweils förmlich einsank und, kaum lag er, sich wieder aufraffen musste. Dies hinderte ihn daran einzuschlafen. Und zwar nächtelang. Mir war nicht bewusst, woher Enzo all die Energie nahm, um überhaupt die Tage überstehen zu können, da es Nächte gab, in welchen er nur wenige Minuten die Augen schließen konnte.

Wir in der Familie hatten irgendwo tief in uns die Hoffnung, dass sich all dies ändern würde. Dass ein Wunder geschehen würde. Dass diese Herzklappe sich von selbst wieder regenerieren würde. Wir versuchten, ihm mittels diverser Arzneien wie auch homöopathischer Ergänzungen zu helfen. Teils glaubten wir, eine Besserung erkannt zu haben. Dann gab es jedoch wieder die Nächte, in denen wir alle litten. Litten, weil wir mitansehen mussten, wie sehr sich Enzo nach nur wenigen Minuten Schlaf sehnte, aber kaum schlafen konnte.

Wir bastelten für ihn Schlafstätten aus Kleidern, Kissen und allerlei möglichen Hilfsmittels, sodass sein Oberkörper möglichst frei schweben konnte. Weil wir Enzo bald die gesamte Nacht über beobachten mussten, damit er nicht vom Schlaf überwältigt keine Luft mehr bekommen würde und von uns ginge, hielten wir Wache. Jede Nacht jemand anders. Wir wechselten uns jeweils ab, da man während dieser Nächte meist kein Auge zutun konnte. Nur ging dies mit der Zeit – je größer das Herz wurde – immer schlechter.

Letztendlich kam die Nacht, in der wir alle der Tatsache ins Auge blicken und die letzte Hoffnung gehen lassen mussten. Es war die Nacht vom Karfreitag auf den Ostersamstag. Die Nacht, in der wir den Hilfeschrei von Enzo nicht überhören konnten und wir sein Leiden nicht mehr lindern konnten. Unsere einzige und letzte Hilfe, die wir ihm schenken konnten, war, ihn so sanft wie möglich gehen zu lassen. Ihn von seinem Leiden befreien zu dürfen. Und zugleich verhindern zu können, dass er im Kampf um den eigenen Atem leiden und verlieren müsste.

An jenem Tag machten meine Mutter und ich gemeinsam mit Enzo eine letzte Runde, in der wir ihm die Möglichkeit gaben, sich von all den Menschen, die ihm ihre Dankbarkeit ausdrücken wollten, die ihm lieb waren, verabschieden zu können. Während seiner letzten Begegnungen blieb Enzo ganz stark. Er wedelte etwas ungewiss mit seinem Schwanz, so, als wollte er sich nicht anmerken lassen, welche Trauer in Wirklichkeit ihn ihm war. Überall flossen Tränen. Überall wurde Enzo gezeigt, welche Liebe er verbreitet hatte, die nun wieder den Weg zurückfand zu ihm.

Wir wollten Enzo, soweit es uns möglich war, begleiten – ihm die Geborgenheit und Liebe geben, so weit und so lange, wie wir es konnten und durften. So waren wir dankbar, dass unser Tierarzt sich bereit erklärte, ihn gemeinsam mit uns bei uns zu Hause zu verabschieden.

Als der Tierarzt das Haus betrat, saß Enzo auf seinem Platz auf dem Sofa. Es war der Platz, an dem er sich auch durch die Nächte kämpfte. Als Enzo den Tierarzt sah, zeigte er uns seine Maske des Mutes und der Tapferkeit.

Enzo fühlte all unsere Trauer. Er sah all die Tränen. All die Angst. Die Endgültigkeit. Wir alle standen vor dem Sofa und wollten ihm mit unserem Dasein einfach nur Halt und Kraft geben. Und als wir alle da standen, und der Tierarzt seine entscheidenden Schritte der Erlösung vorbereitete, hoffte jeder von uns, dass einfach irgendjemand „Halt!" schreien würde, um weiterhin der letzten Hoffnung zu folgen. Doch die Vernunft hielt uns alle davon ab. Die Vernunft wies uns den Weg der Liebe. Auf das Herz zu hören, das sich nach der Erlösung und Befreiung sehnte.

Als der Moment kam, in dem wir Enzo auf dem Weg in sein neues Leben begleiten wollten, war uns nicht bewusst, welche Liebe ihn zurückhielt.

Enzo wollte nicht gehen. Als er seine erste Injektion erhielt, die ihn geistig etwas besänftigen sollte, lief er verzweifelt mit letzter Kraft zu meiner Schwester – in der Hoffnung, sie würde ihm helfen. Es ist nicht in Worte zu fassen, wie weh dies getan hat – Enzo nicht in Worten erklären zu können, dass wir ihm helfen, indem wir einfach für ihn da sind, aber unseren aus der Vernunft formulierten Weg zu Ende gehen. Es war so schmerzhaft, ihm nicht erklären zu können, dass wir ein einziges Mal auf die Vernunft hören mussten, um dadurch unserem Herzen folgen zu dürfen. Unser Herz, das sich das Beste für Enzo wünschte. Das Allerbeste.

Nach für alle Anwesenden tief schmerzhaften Minuten des Kampfes hörte sein Herz letztendlich auf zu schlagen. Enzo war auf seinem Weg. Sein Körper wurde kalt und man konnte sehen, wie seine Seele sich löste – wie sie letztendlich ging. Wie er sich einfach fallen ließ. Es war geschehen und seine warme, liebevolle Seele hatte seinen Körper verlassen. Enzos Abschied zeigte uns allen, wie bedeutungsvoll, energiereich und bereichernd die Seele ist. Und dass die Seele nicht nur fühlbar, sondern auch sichtbar sein kann. Sichtbar im Ausdruck, in der Mimik, in Schwingung der fühlbaren Präsenz.

Enzo hinterließ eine große Leere – Spuren, die nur ihm allein gebühren.

Enzo war es auch, der mich letztendlich darin bekräftigt hatte, mich intensiver mit der Gedankenwelt auseinanderzusetzen. Denn nach dem Tod unseres Vaters fiel mir schnell auf, wie sehr ich mich davor fürchtete, dass wieder ein solch unerwartetes Ereignis unsere Familie derart tief prägen könnte, und ich wollte die Gefahr erkennen können, noch bevor sie bei uns ankommen konnte.

Enzo bewies mir, dass es tatsächlich möglich ist, Gedanken zu fühlen, indem er meine Wange ableckte, wenn ich mir meine Trauer oder meine Sorgen nicht anmerken lassen wollte. Enzo fühlte – er brauchte keine Worte. Enzo fühlte immer, wie es uns ging. Ich war noch keine zehn Jahre alt, als ich mir die Frage stellte, ob er wohl Gedanken lesen könne – ob es wohl doch etwas „Übersinnliches" gäbe.

Seine Fähigkeit, meine Gedanken lesen zu können, bekräftigte mich darin, meinen tiefen inneren Wunsch erstmals auszusprechen. So ließ ich meine Familie wissen, dass es mein Traum war, das „Übersinnliche" lernen zu dürfen. Ich interessierte mich für die Zauberei. Ich wünschte mir zu Weihnachten einen Zauberkasten. Und so kam der Ball ins Rollen.

Der bedingungslosen Liebe, die Enzo uns allen gab, haben wir als Familie nicht nur eine tiefe Verbundenheit und Kraft zu verdanken, sondern zugleich auch die Gewissheit, dass eine Sensibilität auf Gedanken und Gefühle existiert. Eine Kommunikation, für die es keine Worte braucht.

Enzo hat mir geholfen, meinen Weg zu finden – ganz wortlos, nur mit Gefühlen hinweisend. Das war Enzo.

Er zeigte mir, dass man oftmals wissen kann, indem man nur fühlt. Seine Sensibilität erweckte in mir das Interesse für die Gedankenwelt. Deshalb hat Enzo in meinem Herzen einen ganz besonderen Platz bekommen.

Der Werwolf

Jeder Mensch hat Ängste. Jeder Mensch hat negative Gedanken. Der eine häufiger, der andere seltener. Der eine über etwas längere Zeit, der andere jeweils nur kurz. Beim einen sind sie sehr gefühlsintensiv, beim anderen nur an der Oberfläche.

Gedanken können bewusst wie unbewusst ablaufen. Sie können absichtlicher wie unabsichtlicher Natur sein. So gibt es Gedanken, die bewusst und absichtlich einherkommen. Doch es gibt auch Gedanken, welche unbewusst und unabsichtlich aufkommen.

Menschen, die beispielsweise plötzliche Ängste oder sogar Panikattacken erleiden, sind Zeugen der Macht des Unterbewussten. Denn das Unterbewusstsein ist die Instanz unseres Geistes, die Gefühle und Vorstellungen an die Oberfläche projiziert. Besonders unangenehm ist dies, wenn dadurch vorhandene Verletzungen bei uns Gefühle, Gedanken oder gar Verhaltensweisen ans Licht bringen, die wir eigentlich gar nicht haben möchten.

Wenn Menschen beispielsweise in den Fahrstuhl einsteigen und auf einmal keine Luft mehr bekommen. Klaustrophobie – die Angst eingesperrt zu sein.

Oder Menschen, die ins Flugzeug einsteigen und wahrnehmen, dass nicht nur auf einmal der Puls in die Höhe schnellt, sondern ihnen auch der kalte Schweiß den Rücken hinabfließt. Dass ein Zittern in ihnen aufkommt und eine Angst, die letztendlich dazu führt, dass sie das Flugzeug wieder verlassen müssen.

In solchen und vergleichbaren Fällen werden die Betroffenen Zeuge, wie viele Gedanken unterbewusster Natur sind und sich letztendlich nur in bewusst wahrnehmbaren Gedanken, Gefühlen und Verhaltensweisen äußern. Wie zuletzt auch in Form psychosomatischer Anzeichen. Signale, welche psychisch bedingt sind, aber sich über den Körper sichtbar machen.

In den meisten Fällen sind unsere negativen Gedanken mit unangenehmen Gefühlswahrnehmungen verknüpft. Gefühle, welche sich meist im Bauchbereich, im Bereich des Brustkorbes oder im Halsbereich bemerkbar machen. Gefühle wie das der Angst. Gefühle der Unsicherheit. Gefühle der Hilflosigkeit. Die einen fühlen in vergleichbaren Momenten ein Zuschnüren des Halses. Andere wiederum verspüren eine Art Druck oder Enge im Brustbereich. Andere hingegen fühlen eine Schwere oder Leere im Bauchbereich.

Ängste und Sorgen können sich in vielen möglichen Facetten bemerkbar machen. Auch gibt es Ängste und Sorgen, die sich ausschließlich in Form negativer Gedanken bemerkbar machen.

Ganz unwichtig, wie sich die Ängste und Sorgen zeigen – sobald sie überhaupt bemerkbar sind, so haben sie bereits das eigene Unterbewusstsein durchlaufen und sind vom Unterbewusstsein an die Oberfläche projiziert worden. Auf diese Weise kommuniziert das Unterbewusstsein mit dem Bewusstsein.

In der Rollenaufteilung nimmt das Unterbewusste als der größte Anteil unseres Geistes die Rolle des kleinen Kindes ein, das noch nicht wirklich kritisch hinterfragen kann, was nun wahr und gut ist und was nicht. Das Unterbewusstsein folgt in erster Linie den Gefühlen und fasst alles in Form von Gefühlen und Vorstellungen zusammen.

Das Bewusstsein hingegen nimmt die elterliche Rolle ein, die analysiert und bewertet. Die elterliche Instanz, die kritisch hinterfragt, was für das eigene Kind – das Unterbewusstsein – gut ist und was nicht.

Das Bewusstsein ist die Instanz der Vernunft. Der Kopf. Die elterliche Instanz.

Das Unterbewusstsein ist die Instanz des Fühlens. Der Bauch. Das innere Kind.

Wenn aufgrund einer Angst oder Sorge ein unangenehmes Gefühl oder eine unangenehme Denk- und Verhaltensweise aufkommt, so ist dies das innere, geprägte Kind, das sich bemerkbar macht. Das Unterbewusstsein projiziert aufgrund schlechter Erfahrungen diese negativen Gefühle, um möglichst zu verhindern, dass eine ähnliche schlechte Erfahrung nochmals erlebt werden muss. Vergleichbar ist dies mit dem inneren Kind, welches tobt, sich auf den Boden wirft und zappelt, oder einfach nur aus Angst förmlich gelähmt ist, zittert und von der Angst überwältigt wird. Ganz unwichtig, welche Anzeichen unser inneres Kind zeigt – es sind Anzeichen, die nur dem eigenen Schutz dienen. Dem Schutz vor negativen, wiederkehrenden Erfahrungen.

Je nach Anliegen und Gefühlslage des inneren Kindes ist auch die Denk- und Verhaltensweise oftmals abweichend. So reagieren Menschen, die eine tiefe Angst verspüren, ganz anders als Menschen, welche beispielsweise einer Sucht verfallen.

Würde man in den entsprechenden Momenten in das eigene Ich hineinblicken und das innere Kind sichtbar machen können, so würden die inneren Kinder jeweils ganz unterschiedlich reagieren. Bei der Angst würde das innere Kind beispielsweise – rein als bildhafter Vergleich – in sich zusammengekrümmt in der embryonalen Stellung daliegen, zittern und versuchen, den Körper zu beruhigen und die schlechten Gedanken zu lindern.

Beim Suchtverhalten hingegen würde das innere Kind bildhaft auf den Boden stampfen, schreien und Dummheiten anstellen, nur weil ihm das verwehrt wird, was es möchte.

Ein ganz besonderer, positiver Aspekt unseres inneren Kindes ist dessen Ehrlichkeit und Transparenz. Unser inneres Kind hat keine Scheu seine Bedürfnisse und Gefühle preiszugeben. Es zeigt auf, was es möchte – macht deutlich, was es nicht möchte, und lässt sämtlichen Gefühlen freien Lauf.

Der etwas unangenehme Aspekt unseres inneren Kindes ist der, dass es noch zu wenige Erfahrungen hat, um gewisse Dinge kritisch hinterfragen zu können. Es wird viel zu schnell von einer einzigen Erfahrung eingenommen. So kann ein Kind beispielsweise derartige Freude an Süßigkeiten haben, dass es diese eine Erfahrung nun möglichst lange und möglichst oft erleben möchte, und am liebsten Tag und Nacht Süßigkeiten essen würde, unwissend, dass zu viele Süßigkeiten sehr schädlich und ungesund sein können.

Ebenso kann das innere Kind, wenn es beispielsweise vom Nachbarshund gebissen wurde, eine allgemeine Angst vor Hunden entwickeln, und kann sich nach diesem einen Vorfall mit dem Nachbarshund nicht mehr für alle anderen Hunde öffnen, die sehr zugänglich, zahm und liebesbedürftig wären.

Kinder neigen dazu, von nur einer einzigen ausgesprochen positiven oder negativen Erfahrung auf die Allgemeinheit zu schließen. Genauso verhält sich auch unser inneres Kind – unser Unterbewusstsein – wenn wir bereits erwachsen sind.

Deshalb ist es wichtig, dass beispielsweise Menschen mit einem Suchtverhalten sich darüber bewusst werden, dass ihr inneres Kind der Meinung ist, tagtäglich ausschließlich Süßigkeiten zu essen, wäre das Beste. Doch dem ist nicht so.

Ebenso sollten sich Menschen, die eine gewisse unbegründete Angst oder Sorgen in sich verspüren, sich dessen bewusst werden, dass ihr inneres Kind aufgrund negativer Erfahrungen Schlussfolgerungen zieht, die nicht realitätsgetreu sind. Auf diese Weise entstehen Hirngespinste. Einbildungen, welche nicht der Realität entsprechen.

Ganz unwichtig, ob es ein Suchtverhalten, eine Angst oder eine Sorge ist – das innere Kind darf beruhigt und getröstet werden. Es darf umgestimmt werden. Und dafür kann eine erfahrenere Instanz sehr hilfreich sein: das Bewusstsein. Das Bewusstsein hat in solchen Fällen beinahe eine elterliche Funktion. Es tröstet das innere Kind, das Unterbewusstsein. Es verhilft dem Unterbewusstsein zu neuen Perspektiven. Es lenkt das Unterbewusstsein in entscheidenden Momenten ab und weist dem Unterbewusstsein den Fokus auf das Wesentliche. Den Fokus auf das Positive. Den Fokus auf die innere Sicherheit. Denn gar oft ist das Gefühl, sicher zu sein, sehr maßgebend. Viele Denk- und Verhaltensweisen resultieren primär aus einem mangelnden Sicherheitsgefühl. Ein mangelndes Sicherheitsgefühl in sich selbst, den Selbstwert oder das Selbstvertrauen.

Das Bedürfnis nach Sicherheit kann derart groß werden, dass das eigene Verhalten auf einmal ganz unkontrolliert wird. Dass auf einmal Denkweisen und Handlungen erfolgen, die nicht mehr rationaler Natur sind, sondern primär affektiv. Das heißt, sie werden durch die Gefühle, meist impulsiv, ausgelöst. Menschen, die beispielsweise süchtig nach Alkohol, Nikotin oder sonstigen Drogen sind, kennen dieses Phänomen, wenn das eigene Verhalten nicht mehr bewusst kontrolliert werden kann. Auch Menschen, die von Ängsten heimgesucht werden und das von der Angst gelenkte Verhalten nicht mehr kontrollieren können. Dies können Ängste in bestimmten Situationen sein. Das können aber auch Ängste in Beziehungen sein. Oder Ängste um die eigenen Kinder oder um sich selbst.

Es gibt also geistige Prozesse, die wir oftmals bewusst nicht kontrollieren können. Eine Tatsache, welche selbst Hollywood aufgriff. So beispielsweise in den Werwolffilmen, in denen die Vernunft im Kampf gegen das Innere, vermeintlich Unkontrollierbare steht. Die sogenannte Lykanthropie – die Vorstellung eines Menschen, in einen Werwolf verwandelt zu sein. Die Begrifflichkeit setzt sich aus den beiden altgriechischen Worten „lykos" für „Wolf" und „anthropos" für „Mensch" zusammen. Eine Vorstellung, die bereits in der griechischen Mythologie aufkam und die von vielen Lyrikern, Schriftstellern und Psychoanalytikern aufgegriffen wurde. Zudem geht man davon aus, dass es zur Zeit der Hexenverfolgung in Europa ebenfalls eine beträchtliche Anzahl gerichtlicher Verurteilungen von Männern gab, die der Lykanthropie bezichtigt wurden. Man beschuldigte solche Männer des Mordes oder Übergriffes. Die Mehrheit aller wegen Lykanthropie verurteilten Männer wurde mit dem Tode bestraft.

Was bereits über Tausende von Jahren überliefert wurde, griffen nun die Filmproduzenten und Regisseure Hollywoods in der Verfilmung von Werwolf-Sagen auf. In diesen Filmen ist der Prozess der Verwandlung genau nachzuverfolgen. Die erste Verwandlung ist immer die Verwandlung, die ohne Vorwissen geschieht. Der Mann, der sich in einen Werwolf verwandelt, weiß beim allerersten Verwandlungsprozess noch nicht darüber Bescheid, was gerade mit ihm geschieht. Ist dann die erste Verwandlung überstanden, ist die Tatsache im Bewusstsein des Mannes angekommen.

Genauso verhält es sich mit den Ängsten, Sorgen und dem Suchtverhalten. Sobald sie ins Bewusstsein gelangen, kann man sich den Ursachen stellen.

Wenn der Mann im Hollywood-Film sich erneut in einen Werwolf verwandelt, so analysiert er, sobald er wieder ein Mensch ist, welche Einflüsse die Verwandlung begünstigt haben. Bis er zur Schlussfolgerung gelangt, dass der Vollmond und das Einbrechen der Dämmerung maßgeblich sind für die Verwandlung.

Ebenso verhält es sich mit den Denk- und Verhaltensweisen der Menschen in der Wirklichkeit. Ist eine solche ins Bewusstsein gelangt und tritt dann wieder ein, so analysiert unser Bewusstsein, von welchen Faktoren die Ängste, Sorgen oder Verhaltensformen abhängen.

Wenn der Mann im Hollywood-Film, der sich in einen Werwolf verwandelt hatte, herausgefunden hat, welche Einflüsse entscheidend sind, so schützt er sich und sein Umfeld vor genau diesen Einflüssen, indem er sich anketten oder einschließen lässt, so lange, bis er die Verwandlung überstanden hat, ohne sich oder seinem Umfeld geschadet zu haben. Dies ist die einzige Lösung, die es für den Mann im Film gibt, bis ein Antiserum gefunden werden konnte.

Und es ist auch für all die Menschen eine sinnvolle Lösung, die außerhalb des Hollywood-Filmes von eigenen Gefühlen, Denk- oder Verhaltensweisen eingeschränkt werden. Die Lösung, sich und sein Umfeld vor den negativen Auswirkungen der eigenen Prägungen zu schützen.

In der Zwischenzeit sollte auch das eigene Bewusstsein – die Vernunft – sich auf die Suche machen nach einem Antiserum. Nur dass in diesem Fall das Antiserum keine Substanz darstellt, sondern eine neue Perspektive, welche die Gedanken in uns ändern kann. Wenn man diese neue Perspektive nutzt, um positivere Gedanken aufkommen zu lassen, so wird sich der negative Prozess Stück um Stück auflösen. Maßgebend hierbei ist es, in allem eine positivere Perspektive einzunehmen. Das Gute zu erkennen in der scheinbaren Misere. Die Misere nicht als Gefahr, sondern als Chance zu sehen.

So können beispielsweise Menschen, die Angst haben, in Räumen – oder im Fahrstuhl – eingeschlossen zu sein, durch den Perspektivwechsel auf einmal Sicherheit in den entsprechenden Räumen gewinnen, weil die Räume durch ihre Stabilität Schutz bieten vor schädlichen Einflüssen von außen.

Und Menschen, die Angst vorm Fliegen haben, erlangen plötzlich die Perspektive, dass sie sich in der Luft, fernab vom Boden, sicher fühlen dürfen vor all den möglichen Risiken und Gefahren, die auf dem Boden herrschen könnten. Im Flugzeug kann man über all dem schweben und sich einfach mal eine Auszeit gönnen.

Wenn der Mann, der sich als Werwolf sieht, ganz einfach seine Perspektive ändern würde, und einsehen würde, dass er viel mehr Anteile eines Menschen als eines Wolfes in sich hat, so ändert sich alles. Denn für einen Wolf hat er beispielsweise einen viel zu schlecht ausgeprägten Geruchssinn. Echte Wölfe haben einen wesentlich besseren. Auch kann er als Menschen-Wolf nicht so schnell rennen, wie ein richtiger Wolf dies kann. In Wirklichkeit müsste ihm bewusst werden, dass er eine schlechte Kopie eines Wolfes ist und für jeden Wolf außer Konkurrenz stünde – in einem Wolfsrudel würde er nicht wie ein Wolf, sondern wie ein orientierungsloser, tollpatschiger Pinscher wirken.

Mit Einsicht würde der Glaube an den „Wolf" im Mann nach und nach verschwinden, und somit auch sämtliche Symptome. Auf einmal wäre es möglich, abends auf einer wunderschönen Wiese zu liegen, die Natur mit allen Sinnen wahrzunehmen und unter freiem Sternenhimmel den brillierenden Vollmond fühlen und genießen zu können.

Anleitung: Mit Einsicht in die Gelassenheit hinsichtlich Ängsten, Sorgen und Suchtverhalten

1. **Ins Bewusstsein holen.**
   Mach dir deine ungewünschte Denk- oder Verhaltensweise bewusst. Definiere sie. Finde ihre sämtlichen Facetten.

2. **Auslösende Einflüsse finden.**
   Analysiere den gesamten Prozess, welche diese Denkweise auslöst und finde heraus, welche Faktoren maßgebend sind in ihrer Aktivierung.

3. **Sicherheit gewährleisten.**
   Ergreife Maßnahmen, um – sollte die Situation reaktiviert werden – dich und dein Umfeld vor unüberlegten und unkontrollierbaren Verhaltensweisen zu schützen.

4. **Andere Perspektive einnehmen.**
   Finde die Perspektive, welche dein Anliegen zu keinem Anliegen mehr macht. Finde die positive Seite in deiner Sorge, deiner Angst oder deinem ungewünschten Verhalten, sodass diese die negative Wirkung nach und nach verlieren. Finde heraus, weshalb du in Wirklichkeit

eigentlich schon frei bist von deiner ungewünschten Denk- oder Verhaltensweise – es nur bislang nichterkannt hattest. Und vielleicht findest du sogar Gründe, welche dir aufzeigen, dass du durch deine Angst oder Sorge eine Chance oder eine Bereicherung erfahren hast.

Verzeihen und Vergeben

Es gibt Menschen, die behaupten von sich, sie seien nachtragend. Das heißt, sie neigen dazu, jemandem über längere Zeit eine negative Tat oder einen Fehler zu verübeln. Wie es das Wort allein schon verrät, tragen sie den angeblichen Fehler längere Zeit mit sich. Sie tragen ihn eben nach.

Menschen, die nachtragend sind, müssen den Kompromiss eingehen, dass sie immer etwas mit sich zu tragen haben. Schließlich ist ja auch das Verb „tragen" im Wort „nachtragend" enthalten. Wer nachtragend ist, der trägt also all die negativen Emotionen wie Wut, Missgunst, Eifersucht und Enttäuschung mit sich. Negative Gefühle, welche über die Dauer sehr bedrückend werden können. Wer über längere Zeit etwas tragen musste, weiß, dass das Tragen unglaublich anstrengend werden kann. Und dies ganz unabhängig vom Gewicht dessen, was man trägt. Denn wer trägt, der geht. Und wer gehend etwas trägt, wird schneller müde. Welch wunderbare Tat könnte es sein, die Last, die man mit sich trägt, eben „nachträgt", einfach so auf dem Weg zurückzulassen, um den Weg ab sofort frei von jeglicher Last bestreiten zu können.

Um uns auf unserem Lebensweg von unnötigem Ballast befreien zu können, ist die Fähigkeit des Vergebens eine weise Erfahrung, die unser Leben leichter und freier macht. Vergeben zu können, ist ein Lernprozess, den wir alle durchlaufen müssen. Andernfalls wird unsere Last immer größer und größer, bis sie irgendwann unerträglich schwer wird.

Viele Menschen sprechen auch von „verzeihen". Dieser Begriff hat seine Wurzeln im althochdeutschen Wort „firzihan", was so viel heißt wie „versagen" oder „verweigern". Dieses Wort wiederum wird vom althochdeutschen Wort „zihen" für „anschuldigen" oder „auf jemanden zeigen" abgeleitet.

Der Begriff „vergeben" dagegen leitet sich vom althochdeutschen Wort „firgeban" ab, was so viel heißt wie „einräumen" oder „schenken".

Allein der Klang des Wortes „vergeben" wirkt im Vergleich zum Wort „verzeihen" viel milder und sanfter. Das Wort „vergeben" trägt für mich mehr Frieden und Ruhe in sich.

Orientieren wir uns an der Wortherkunft des Wortes „verzeihen", so weist diese darauf hin, dass man, wenn man verzeiht, zwar nicht mehr mit dem Finger auf einen Menschen zeigt, dessen Tat jedoch scheinbar trotzdem nicht vergeben hat. Denn vergeben bedeutet im Gegensatz dazu, dass man dem Menschen mit ganzem Herzen den vermeintlichen Fehler schenkt, oder ihn eben einräumt. Man verstaut den Fehler und schenkt diesem keine Beachtung, sodass der Fehler auch gar nicht mehr als Fehler wahrgenommen, nicht mehr so bewertet und letztendlich entschuldigt wird. Auch hier können wir uns an der Bedeutung des Wortes orientieren, dass wir dem Menschen die Last der Schuld von den Schultern nehmen und diese einräumen können. Ihm eben ermöglichen, sich zu entschuldigen. Und wir ihm den Fehler vergeben und vielleicht förmlich ungeschehen machen können.

Vergeben zu können, ist eine Eigenschaft, die einen mit Ruhe, Frieden, Gelassenheit und Freiheit erfüllt. Und es gibt nur wenig Gründe, um nicht zu vergeben. Doch auch ich kann verstehen, wenn Menschen aufgrund tiefer, nicht zu heilender Verletzungen, nicht vergeben können. Menschen, die nicht vergeben wollen. Oder Menschen, die ihre Ruhe nur in der Vergeltung finden. Doch wenn wir von Fehlern ausgehen, die sich in einem verzeihbaren oder vergebbaren Spektrum befinden, so gibt es keinen Grund, den Prozess des Vergebens nicht durchzuführen und in positiver Hinsicht zu fühlen.

Manche Fehler eines Menschen nicht vergeben zu können, ist oftmals beinahe so, als würde man einem Baby verübeln, dass es noch nicht sprechen und gehen kann. Das ist so, als würde man einem Schüler in der zweiten Klasse verübeln, dass er noch kein Algebra kann.

Wir Menschen machen Fehler, weil wir es meist zum Zeitpunkt des Fehlers einfach noch nicht besser wissen und auch nicht besser wissen können. Denn würden wir es besser wissen und hätten wir die Fähigkeit, den Fehler nicht zu machen, so würden wir dies tun.

Jeder Mensch ist Teil der Natur. Und alles in unserer Natur gibt es in unendlich vielen Variationen und Facetten. Denn alles, was die Natur schuf, ist einzigartig. Jeder Baum, jede Blume, jedes Tier und jeder Mensch. Ebenso wie Bäume unterschiedlich groß und breit werden, entwickeln sich Menschen ganz unterschiedlich in geistiger Hinsicht. So müssen wir lernen zu verstehen, dass jeder Mensch ganz eigene, besondere Fähigkeiten und Fertigkeiten besitzt. Jeder Mensch trägt wunderbare Stärken in sich. Aufgrund der unterschiedlichen Entwicklung ist jeder Mensch in anderer Hinsicht weiter entwickelt, dafür hat jeder auch an anderer Stelle noch Lernpotenzial.

So müssen wir beispielsweise in Beziehungen lernen zu akzeptieren, dass jeder der beiden Partner an anderer Stelle geistig etwas weiter ist. Aus diesem Grunde machen wir dort Fehler, wo der Partner diese weniger oder gar nicht macht, und der Partner macht dort Fehler, wo wir sie weniger oder gar nicht machen. Ein wunderbarer Prozess, in welchem uns ermöglicht wird, voneinander zu lernen.

Vergeben zu lernen bedeutet, schenken zu lernen. Zu lernen, alles Verständnis im Zusammenhang mit begangenen Fehlern zu schenken. Wir schenken dem Partner seine Fehler, weil dieser es nicht besser wissen konnte. Weil jedem geschenkte Fehler zustehen. Jeder hat Vergebung verdient. Denn wir alle machen Fehler. Alle. Wir alle machen als Kinder Dummheiten. Brechen Regeln und umgehen Verbote. Wir alle lernen nur dank der Tatsache, dass wir Fehler machen dürfen. Würden wir keine Fehler machen, so würden wir auch nicht in dem Ausmaß lernen können, Weisheit erlangen und uns geistig entwickeln.

Dabei gilt zu beachten, dass wir Menschen sind – und selbst Götter Fehler machen. Dies schreibt die griechische Mythologie. Dies wissen wir auch von den Römischen Göttern und selbst Religionen wie das Christentum weisen darauf hin: „Und vergib uns unsere Schuld, wie auch wir vergeben unsern Schuldigern", aus dem Vaterunser, Matthäusevangelium.

Es ist ein globales Wissen, das uns erlaubt, uns selbst die eigenen Fehler sowie auch anderen Menschen zu vergeben.

Viele Menschen haben Hemmungen, wenn sie sich einfach gehen lassen sollen, um sich und anderen vergeben zu können. Sich und anderen Fehlern gutzuschreiben. Eben, Fehler zu schenken. Dies kann mitunter daran liegen, dass wir bereits in früher Kindheit darin sensibilisiert werden, das Richtige zu tun. Bereits wenn wir ganz klein sind, müssen wir beispielsweise lernen, wie man richtig isst oder wie man richtig spricht. Später müssen wir scheinbar Korrektes in all den verschiedenen Schulfächern lernen. Letztendlich werden wir in der Schule auch mit der Tatsache konfrontiert, dass wir, wenn wir geprüft werden, stets die richtige Antwort auf alle Prüfungsfragen wissen sollten. Meist gibt es auch nur eine einzige richtige Antwort. Und wenn wir möglichst viele richtige Antworten geben, gibt es eine möglichst hohe Bewertung, was beruflich bedeutet, dass uns mehr Möglichkeiten und Freiheiten gegeben sind.

Wir werden folglich daran gewöhnt, dass wir bewertet werden. Was alleine schon eine sehr tiefe Prägung von uns Menschen ist und uns oftmals daran hindert, in den Prozess der Vergebung gehen zu können. Im Grunde wäre der Weg des Vergebens ein sehr leichter Weg, nur hindert uns oftmals unsere innere Schablone, die uns vorgibt, stets das Richtige zu tun.

Wir dürfen erkennen, dass es für unser Leben, für unsere Persönlichkeit und für unsere Art zu lieben und zu geben keine Schulnote geben kann. Denn es gibt keine korrekte Form, Liebe zu zeigen. Es gibt keine Anleitung für ein richtiges Leben. Es gibt kein besseres und schlechteres Leben. Jedes Leben ist gut so, wie es ist. Weil jedes Leben wunderbare Botschaften, Werte und Erkenntnisse in sich trägt, die in jedem Leben unvergleichbar sind. Es gibt kein richtiges und kein falsches Leben. Denn es ist kein richtigeres oder besseres Leben, wenn wir uns eine Villa am See, die teuersten Autos und eine Frühpensionierung leisten können. Nein. Denn auch in diesem Falle schließt der materielle Wohlstand geistige Hürden nicht aus. Natürlich kann ein materieller Wohlstand für Menschen, die in dieser Hinsicht affin sind, wohltuend wirken – wie auf andere, wenn diese Sport machen oder ein Musikinstrument spielen. Es ist auch wichtig, sich selbst beinahe utopische Ziele setzen zu dürfen. Denn es darf unser Ziel sein,

Ziele erreichen zu wollen, die scheinbar unmöglich wirken. Diese Ambition und diese Motivation treiben uns auch an.

Zeitgleich müssen wir lernen, dass das Leben keine Rechenaufgabe ist, für die es nur eine einzige Lösung gibt. Sondern, dass wir auch Rechenfehler machen müssen, um zu der für uns richtigen Lösung zu gelangen. Das Leben bietet unendlich viele Lösungen, die allesamt einen wunderbaren Mehrwert bieten. Im Leben gibt es keine Perfektion, wie sie uns die Schule lehrt. Das Leben ist dann perfekt, wenn es nicht mehr in eine mathematische Gleichung passt. Wenn es Fehler enthält. Fehler, die wir vergeben können, weil wir daraus etwas lernen durften. Das Leben ist dann perfekt, wenn es unperfekt zu sein scheint. Wenn wir Fehler machen. Wenn wir aus den Fehlern eine wunderbare Erkenntnis für uns und vielleicht sogar für unsere Mitmenschen gewinnen können. Hierbei sind böswillig Schaden verursachende Fehler ausgeschlossen.

Doch auch dann, wenn wir einem Menschen durch eine Handlung, die wir vielleicht rückblickend bereuen, geschadet haben, so haben wir immer die Möglichkeit, uns in dem, was geschehen ist, zu entfalten. Ebenso wenn uns ein Mensch geschadet hat, und dieser seine Handlung bereut, so können wir daraus eine Erkenntnis gewinnen. Wir haben die Möglichkeit, uns direkt in den Kern des Geschehenen – in das Auge des Hurrikans – hineinzubegeben und die Handlung im Kontext zu verstehen. Denn jeder Handlung geht ein Gefühl voraus. Jedem Gefühl geht ein Gedanke voraus. Und bestimmten Gedanken gehen Prägungen voraus.

Können wir also einen Menschen verstehen, indem wir zu verstehen versuchen, wie sehr dieser Mensch geprägt und verletzt wurde, so verstehen wir auch, welche Gedanken diese Prägung bei dem Menschen ausgelöst hat. Dies geschah vielleicht schon in früher Kindheit. Und die Gedanken, die im Zusammenhang mit einer Verletzung aufkommen, können bewusst sein, sie können jedoch auch ganz unbewusster Natur sein. So kann man beispielsweise die Gedanken mancher Raucher, die das Verlangen nach einer Zigarette verursachen, als unbewusst verstehen.

Bei allen Menschen würde man Prägungen finden. Bei allen Menschen würde man Verletzungen finden. Denn wir alle sind geprägt. In positiver wie in negativer Hinsicht. Jedes Zeigen von Liebe ist eine positive Prägung. Und jede Verletzung eine negative Prägung. Das Ausmaß der Prägungen ist allerdings bei den Menschen sehr unterschiedlich. Bei den einen waren die Prägungen nur sehr gering – bei den anderen sehr tiefschürfend. Bei den einen können Prägungen im Erwachsenenalter nichts mehr bewirken, bei den anderen können sie Panikattacken auslösen. So divergierend kann das Ausmaß von Prägungen sein. Wenn wir nun also die Prägungen von Menschen, die Fehler gemacht haben, sowie auch unsere eigenen Prägungen verstehen können, so können wir auch verstehen, dass diese Prägungen gewisse Gedanken auslösen, die meist schwer zu kontrollieren sind. Und diese Gedanken lösen unangenehme Gefühle aus. Und diese Gefühle lösen letztendlich ein Verhalten aus, dass der geprägte Mensch im Grunde gar nicht möchte.

Wenn wir diesen Mechanismus verstehen können, so betrachten wir Menschen und deren Verhaltensweisen aus ganz anderer Perspektive.

Wir verstehen, dass uns wie auch andere Menschen keine Schuld trifft für diese beinahe schon programmierten Mechanismen. Was uns darin bestärken darf, sich und anderen Menschen für die begangenen Fehler zu vergeben.

Ein Beispiel für einen solchen Mechanismus könnte sein, dass ein erwachsener Mann als kleiner Junge stets seinem Vater oder seiner Mutter Rechenschaft für alle seine Handlungen ablegen musste und viel zu oft für sein Verhalten zu Unrecht bestraft wurde. Einige Bestrafungen waren vielleicht derart verletzend, dass der Junge zu seinem eigenen Schutz lernt zu lügen, damit er nicht mehr zu Unrecht bestraft wird. Dieser Mechanismus rettet ihn vor den immer wiederkehrenden, tief verletzenden, ungerechtfertigten Bestrafungen. Wenn der Junge älter wird und sich wieder in gewissen Momenten rechtfertigen muss, so lernt er, dass er, wenn er in entscheidenden Momenten munkelt, sich und sein Umfeld vor möglichen Bestrafungen schützen kann. Wenn der Junge inzwischen kein Junge mehr, sondern bereits ein Mann ist, und in der Beziehung von seiner Freundin zur Rechenschaft gezogen wird, so hat er gelernt, dass er, wenn er lügt, sich und seine Freundin vor einem unnötigen Streit bewahren kann. Insbesondere dann, wenn der Inhalt der Lüge kein wichtiger Inhalt ist, sondern vielleicht nur für die Freundin schlimm sein könnte. Weil sie den Inhalt betreffend aus eigener Kindheit geprägt ist. Wenn die Lüge irgendwann ans Licht kommt, so könnte die Freundin sich ausschließlich auf den Fehler konzentrieren. Sie könnte sich jedoch auch in den vorhandenen Mechanismus hineinbegeben und versuchen zu verstehen, weshalb es bei ihm so weit kommen konnte. Weshalb sein Unterbewusstsein die Situationen der Rechtfertigungen vor den Eltern nicht von der Situation in der Beziehung unterscheiden kann. Und wenn die Freundin vielleicht sogar auf einmal einen ähnlichen Mechanismus bei sich selbst erkennen kann – vielleicht nur ganz woanders – so ist der Weg der Vergebung einer der selbstverständlichsten Prozesse überhaupt. Und es spricht dann nichts mehr gegen, sondern nur noch alles für die Vergebung.

Vergeben zu können ist einer der natürlichsten Prozesse überhaupt. Es ist ein Prozess des Verstehens. Ein Prozess, der uns ermöglicht, durch das Verständnis neue, positive Gefühle im Bezug zu dem zu Vergebenden zu erlangen.

In meinen Therapiesitzungen habe ich schon viele Prozesse des Vergebens geleitet – Prozesse, die für meine Klienten tief heilsam waren. Prozesse, in welchen meine Klienten ihren Vätern und Müttern zu vergeben lernten, dafür, dass diese Dinge getan haben und böse Dinge gesagt haben, welche meine Klienten tief prägten. Doch spätestens dann, wenn mein Klient, der von seinem Vater verletzt wurde, den Vater während der Therapiesitzung als kleinen Jungen sah, kam auf einmal ein Gefühl der Erleichterung auf. Weil mein Klient nun sehen konnte, dass sein Vater selbst verletzt wurde und unter seinen Eltern litt. So verstand mein Klient, dass sein Vater aufgrund all der negativen Erfahrungen letztlich dieses Fehlverhalten zeigte. Obschon er dies im Grunde gar nicht wollte. Aber nicht anders konnte. Auf diese Weise kam eine Gefühl der Erleichterung auf. Ein Gefühl des Verständnisses, dass der Vater ja nur so handelte oder so sprach, weil auch er tief geprägt war, und er sich im Grunde von Natur aus gar nicht so negativ verhalten hätte, wäre nicht er selbst von seinen Eltern verletzt worden. Denselben Prozess des Vergebens habe ich auch hinsichtlich der Mütter meiner Klienten durchgeführt.

Und wenn auf einmal das Verständnis aufkommt, erlangen die Menschen, welche im Prozess des Vergebens sind, die Akzeptanz des Geschehenen. Und die Akzeptanz ermöglicht es den Menschen, wieder positivere Gefühle entstehen zu lassen und befreit zu sein von den erlebten Prägungen. Denn wir dürfen mit Bestimmtheit davon ausgehen, dass alle Eltern von Natur aus eine tiefe Liebe für ihre geborenen Kinder empfinden. Das gilt für die Menschen ebenso wie im Tierreich. Auch jedes Tier liebt und beschützt bedingungslos seine Jungen. Es gab sogar Beobachtungen, dass Tiere Jungtiere ganz anderer Gattungen umsorgen. Selbst, wenn sich die Tiere dieser Gattung eigentlich in ihrem Beutemuster befinden würden. So beobachtete man, wie sich Katzen um junge, hilflose Vögel sorgten. Man beobachtete, wie sich Tiger um hilflose, junge Affen sorgten. Ein Naturgesetz, welches besagt, dass die, die frisch auf unserem Planeten angekommen sind, mit Liebe willkommen geheißen werden und von den Lebewesen, von welchen sie geschaffen wurden, geliebt werden. Und wenn Eltern ein destruktives Verhalten den eigenen Kindern gegenüber aufweisen, so ist die Wahrscheinlichkeit, dass Eltern dies aus Gründen eigener Verletzungen tun, sehr hoch.

Diese Prozesse des Vergebens, welche ich mit meinen Klienten hinsichtlich ihren Eltern durchgeführt habe, sind natürlich auch hinsichtlich außerfamiliären Personen möglich. So zum Beispiel wenn meine Klienten von Arbeitgebern, Lehrmeistern, Nachbarn oder anderen Menschen verletzt wurden.

Erkennen wir die Geschichte des Menschen, der uns verletzt hat, so wird auf einmal die gesamte Verletzung viel leichter und in der Gefühlswahrnehmung neutraler, weil wir erkennen, dass unser „Täter" in Wirklichkeit in den meisten Fällen selbst ein Opfer war. Ein Opfer, das Verhaltensweisen und Denkweisen nur zum eigenen Schutz entwickelt hat und damit Menschen eigentlich gegen seine ursprüngliche Natur verletzt hat. Denn es ist meine Meinung, dass kein Kind dieser Welt als „böser Mensch" geboren wird. Auch wenn behauptet wird, dass es Menschen gibt, die ohne neuronale

Aktivität im Gehirn hinsichtlich dem Empfinden von Empathie – von Mitgefühl – geboren werden. Ich zweifle daran, dass die Entstehung einer solchen neuronalen Dysfunktion rein biologischer und nicht auch psychosozialer Natur sein soll. Das heisst, dass ich glaube, dass wenn das Gehirn eines Menschen nicht „normal" funktioniert, dem meist soziale Ereignisse zugrunde liegen. Ereignisse, für die diesen Menschen meist keine Schuld trifft.

Uns alle trifft keine Schuld, dass wir im Laufe unseres Lebens unwillkürlich Fehler machen. Es ist unsere Natur, die es so will. Es lässt sich immer darüber streiten, was überhaupt als Fehler zu bezeichnen ist. Meines Erachtens ist es kein Fehler, wenn wir im Laufe unserer geistigen Entwicklung bestimmte Handlungen bereuen. Natürlich bewusst schadende Handlungen ausgeschlossen.

Ebenso ist es normal, wenn wir uns erstmals von Prägungen in unserem tun beeinflussen lassen. Denn dort, wo du nicht geprägt bist, ist dein Gegenüber vielleicht geprägt und macht deshalb „Fehler". Und dort, wo dein Gegenüber nicht geprägt ist, bist du vielleicht etwas geprägt, und machst deshalb dort „Fehler", die dich jedoch weiterbringen. Denn jeder Fehler hilft uns, uns zu entwickeln, und hilft uns, wieder auf den Boden der Tatsache zurückzukommen. Nämlich der Tatsache, dass wir alle nur Menschen sind. Und dass wir Fehler machen müssen, um lernen zu können und um voranzukommen.

Ich bin froh, darf ich Fehler machen – denn mit jedem Fehler lerne ich viel mehr dazu, als wenn ich keinen Fehler machen würde. Und ich weiß, dass ich mir Fehler vergeben darf – weil wir alle uns Fehler vergeben dürfen, weil sie sehr wesentlich sind, um überhaupt lernen zu können. Um sich gegenseitig bereichern und unterstützen zu können.

Ich schenke dir deine Fehler. Denn du bist gut so, wie du bist. Nein – du bist sehr gut so, wie du bist. Und das einzige, was sich ändert, wenn du „Fehler" machst, ist, dass dir immer wieder aufs Neue gezeigt wird, wie wunderbar schön das Leben ist – sowie die Möglichkeit voneinander zu lernen und zu vergeben. Denn im Grunde müsste man gar nicht über das Vergeben sprechen – es ist eine Selbstverständlichkeit. Die Welt lehrt es uns – und ich bestätige es dir. Lass dich einfach geschehen.

Anleitung: Vergeben

Wenn wir uns bereit sehen, einem Menschen zu vergeben, unter dessen Verhalten wir leiden mussten, so können mitunter folgende zwei Herangehensweisen tief lösende Prozesse bewirken:

Individuelle Entwicklung vergleichen

Wir können dem Menschen vergeben lernen, indem wir erkennen, in welchem Bereich dieser Mensch fortgeschrittener ist in seiner Entwicklung als andere Menschen oder wir selbst es sind. Vielleicht weist der Mensch, dem wir vergeben möchten, in ganz anderen Angelegenheiten sehr positive Eigenschaften und Qualitäten auf, die uns deutlich machen können, dass dieser Mensch dafür in dem Bereich, in dem er Fehler begangen hat, noch Aufholbedarf in seiner Entwicklung hat.

Das harmlose Kind erkennen

Stellen wir uns die Kindheit und Jugend des Menschen vor, der in uns negative Gefühle ausgelöst hat, so erkennen wir, worunter auch dieser Mensch gelitten haben muss. Wie dieser Mensch verletzt worden sein muss. Welches Leiden und welche negativen Erfahrungen dieses Kind zu ungünstigen Denk- und Verhaltensweisen zwangen. Was sich mit der Jugend vielleicht manifestiert hat. Diese Denk- und Verhaltensweisen wurden von diesem Menschen ausschließlich zum Zwecke des Eigenschutzes eingesetzt. Diese Erkenntnis ermöglicht es uns, den Menschen, denen wir vergeben möchten, mehr Verständnis geben zu können, um so auch leichter vergeben zu können. Insbesondere deshalb, weil die verletzenden Denk- und Verhaltensweisen keine natürliche Böswilligkeit zugrunde liegen haben – sondern einen Eigenschutz hinsichtlich der Verletzungen dieses Menschen darstellen.

Im Idealfall führst du diese Übung mit geschlossenen Augen durch.

Die Golfplatz-Lüge

Jeder Mensch, jedes Tier und jede Pflanze dieser Welt sehnt sich nach Sicherheit. Wie jede Pflanze wünschen auch wir uns Licht, Wärme und einen nährstoffreichen Boden. Diese Grundpfeiler geben uns nicht nur den notwendigen Schutz, sondern auch den Raum, um zu sprießen, zu wachsen und zu blühen. Weil sich der Mensch so sehr nach Halt und Sicherheit sehnt, stellen für ihn Wahrheit und Ehrlichkeit unabdingbare Grundvoraussetzungen dar. Wobei die Lüge die Kraft des Sturms versinnbildlicht, die uns aus dem fruchtbaren Boden reißen könnte. Die Lüge stellt eine Bedrohung dar, die unsere auf Wahrheit und Ehrlichkeit erbaute Welt zum Einstürzen bringen könnte.

Die Vernunft hilft uns dabei, die Lügen aus unserer Umgebung herauszufiltern und uns von der Gefahr der Lüge zu distanzieren. Wir nutzen unsere eigene Stärke, um uns vor dem drohenden Sturm zu bewahren: die Vernunft. Der Vernunft haben wir Menschen unsere Bezeichnung des „Vernunftswesens" zu verdanken. Diese Bezeichnung gebührt dem Menschen unter anderem deswegen, weil er die Fähigkeit besitzt, reflektierend zu denken und sich mit artikulierte Sprache zu erklären.

Wenn ich – der ich beispielsweise bereits von klein auf mit Hunden aufwuchs – die menschliche Vernunft mit der Vernunft des Hundes vergleiche, so muss ich sagen, dass der Hund ebenso eine ausgeprägte Vernunft in sich trägt. Ich wage es sogar zu behaupten, dass der Hund eine ausgeprägtere Vernunft aufweisen kann, als manch ein Mensch dies tut.

Auch wer glaubt, Menschen hätten eine ausgeprägtere Gefühlswahrnehmung und Empathie, den muss ich enttäuschen. Wissenschaftler fanden heraus, dass auch Tiere über empathische Vorgänge verfügen. Und wenn ich den menschlichen Umgang mit Tieren auf unserem Planeten beobachte, so nehme ich dagegen an, dass kein Tier dieser Welt grundlos tötet, andere bekriegen oder im Übermaß verspeisen würde. Wer sich bereits etwas mit den Tieren um sich herum auseinandergesetzt hat, der konnte feststellen, dass Tiere eine ausgesprochen starke Emotionalität aufweisen. Wir wissen, dass Tiere ebenso trauern, mitfühlen und auch schenken können. So beobachtete man zum Beispiel, dass Affen auch dann teilen, wenn sie Mitgefühl für andere Artgenossen empfinden, die zu kurz kommen könnten.

Was aus meiner Sicht einen der maßgebendsten Unterschiede zwischen Mensch und Tier ausmacht, ist der, dass der Mensch über die Fähigkeit verfügt, mehrere Metaperspektiven einzunehmen. Auch das Tier kann Metaperspektiven einnehmen – das heißt eine Art Vogelperspektive, um zu evaluieren, welches Verhalten wohl das sinnvollste ist. So habe ich beispielsweise bei den Hunden um mich herum beobachtet, dass auch diese lügen können. Lügen ist eine Form der Metaperspektive. Wer lügt, der analysiert die Situation und versucht, einen aus seiner Sicht vermeintlich möglichst sinnvollen Zug zu machen.

So beobachtete ich bei unseren Familienhunden, dass diese, wenn sie beispielsweise etwas zu Essen auf dem Tisch sahen, das sie gerne gehabt hätten, sie dieses bewusst nicht anschauten, damit niemand den Verdacht hegen könnte, dass sie es heimlich stehlen würden. Hunde also, die ihre Begierde zügeln können, bis die Situation es zulässt, der Begierde zu folgen.

Das heißt, auch Hunde verfügen über die Fähigkeit Gegebenheiten vorzutäuschen. Was aus meiner Sicht eine Form der Lüge ist.

Lügen sind also in der Natur verbreitet und gehören zum Lernprozess eines jeden Menschen. Selbst zum Lernprozess vieler Tiere. Jedes Kind lernt mit der Zeit, dass es eine subjektive Wahrheit und eine objektivere Wahrheit gibt. So lernt das Kind, dass es der Mutter eine andere Wahrheit vorgaukeln kann, beispielsweise die Wahrheit, es habe keine Süßigkeiten genascht. Dies hat das Kind dem Denken in erweiterten Perspektiven, oftmals auch Dimensionen genannt, zu verdanken. Es ist eine Form der Metaperspektive. Andere Perspektiven einnehmen zu können als nur die subjektive, oft auch egozentrische Perspektive genannt. Es ist eine besondere Fähigkeit des Menschen – insbesondere deshalb, weil er über mehrere Perspektiven hinaus denken kann. Wir nennen dies häufig auch die verschachtelten Wahrheiten. So ahnt beispielsweise das Kind, dass die Mutter seine Lüge durchschauen könnte. Deshalb erzählt es alles noch mal aus einer anderen Perspektive als die der simplen Lüge, damit seine Aussage wahrer wirkt.

Wenn das Kind also heimlich Süßigkeiten genascht hat, wartet es nicht, bis die Mutter es fragt, ob es genascht habe, sondern fragt die Mutter, obwohl es schon heimlich genascht hat, ob es Süßigkeiten haben dürfe. Selbst wenn es keine Lust mehr auf Süßigkeiten hat, weil sein Bauch schon voll davon ist. Die Mutter glaubt nun, das Kind würde fragen, weil es ein Verlangen nach Süßigkeiten hat, und durchschaut nicht, dass dies nur eine Masche des Kindes ist, um zu vertuschen, dass es bereits heimlich genascht hat.

Diese verschachtelten Perspektiven ermöglichen es Menschen leider auch, sich durchs Leben zu schummeln, was aus meiner Sicht auf Dauer einen psychischen Leidensdruck hervorrufen kann. Weil der Realitätsbezug, der Bezug zur eigenen Authentizität und zur eigenen Wahrheit und Gelassenheit verloren gehen kann.

Die verschachtelten Perspektiven können jedoch – wie alle Energien auf dieser Welt – auch zu wunderbar positiven und bereichernden Zwecken genutzt werden. So ermöglichen sie es uns, Gelassenheit zu erlangen. Insbesondere in zwischenmenschlichen Verhältnissen. Wie beispielsweise in Beziehungen. In Geschäftsbeziehungen, in Eltern-Kind-Beziehungen, wie aber auch in Partnerschaften.

So dürfen wir uns, wenn wir in Beziehungen belogen werden, in unsere verschachtelten Perspektiven begeben und das Gegenüber ganz in Ruhe befragen, weshalb es denn gelogen habe. Wovor es sich fürchtete, dass es log.

Begeben wir uns in die Perspektive des Gegenübers, so fällt uns auf, dass die Lüge eine sehr charmante Art war, das Gegenüber nicht unnötig beunruhigen zu wollen, oder sich selbst schützen zu wollen. Lügen sind Handlungen des Schutzes. Des Schutzes des Gegenübers oder des Eigenschutzes. Wer lügt, will oftmals sich selbst oder seinen Partner nicht unnötig beunruhigen.

Wenn nun also der Partner seiner Partnerin vorgaukelt, er habe die Trennung von seiner Exfreundin initiiert, obschon in Wirklichkeit die Exfreundin die Trennung gewünscht hat, so sagt er dies lediglich, um sich nicht vor ihr erniedrigen zu müssen.

Ebenso kann der Partner aber, wenn er Hand in Hand mit seiner Partnerin die Straße hinuntergeht, und – wie es der Zufall will – einer vergangenen Partnerin begegnet, auf die Frage hin, ob er mit der etwas gehabt habe, aus dem Grunde des

Schutzes lügen. Diese Lüge kann ebenfalls mehrere Gründe haben. Zum einen kann der Grund der sein, dass er sich selbst schützen möchte, weil er seiner Freundin von der angetroffenen Expartnerin nie erzählt hat, und mögliche Auseinandersetzungen umgehen möchte.

Vielleicht möchte er jedoch auch nicht dazu stehen, dass er an diesem Menschen mal etwas Attraktives gesehen hat, vielleicht weil sie sich eben zum Zeitpunkt des Antreffens völlig verändert hat, oder sich sein Geschmack verändert hat.

Es besteht jedoch auch die Möglichkeit, dass der Partner lügt, weil er seine Freundin nicht beunruhigen will, weil seine Expartnerin zu wenige Gemeinsamkeiten mit seiner derzeitigen Freundin hat, und dies auf sie den Anschein erwecken könnte, als hätte er einen ganz anderen Geschmack.

Ganz unwichtig, weshalb die Lüge ausgesprochen wurde – sie ist auf jeden Fall ein Zeichen des Schutzes. Sie können auch ein Zeichen der Liebe sein. Ein Zeichen der schützenden Kommunikation.

Ich erinnere mich konkret an ein Fallbeispiel einer Klientin, die gemeinsam mit ihrem Partner zu mir in die Therapie kam. Sie war der Meinung, ihr Partner habe eine psychische Störung, weil er sie des Öfteren belogen hatte. Mitunter kam in der Beziehung die Lüge der Verleumdung einer Expartnerin auf, nachdem man sie zufällig getroffen hatte.

Um der Frau auch den positiven Anteil seiner Lüge aufzeigen zu können, sagte ich ihr Folgendes: „Wäre Ihnen ein Partner lieber, der Ihnen ständig immer und überall ganz unüberlegt die Wahrheit sagt? Einer, der Ihnen, wenn er seine Expartnerin in der Ferne erkennt, sagt: „Mit der hatte ich was." Möchten Sie das? Ich bezweifle es. Denn würde er dies tun, so wäre er nicht mehr der Gentleman. Dann wäre er der Macho.

Der, der mit seinen Partnerinnen angibt und sie förmlich wie Trophäen sammelt. Dadurch, dass er diesem Inhalt gar keine Gewichtung gibt, bleibt er der charmante Freund, der sich auf das Wesentliche zu fokussieren versteht. Die Liebe. Der Gentleman, der dem Menschen, den er liebt, nicht unnötig Sorgen bereiten möchte. Der Vater, der sein Kind im Glauben lässt, es gäbe einen Nikolaus und einen Osterhasen. Um das Kind nicht unnötig mit den harten Realitäten unserer Welt konfrontieren zu müssen. Und wenn Sie ehrlich zu sich sind, haben auch Sie schon ihrem Mann ab und an Dinge verschwiegen, die nicht besonders von Bedeutung waren. Weil dies eine Form ist, das Positive aufrechtzuerhalten."

Meine Klientin verstand schnell, dass in der Lüge ein wunderbarer, positiver Wert zu erkennen war. Danach fügte ich hinzu: „Außerdem, waren Sie schon mal auf einem Golfplatz? Ich musste auf dem Weg zu meinem Gymnasium jeweils über einen Golfplatz gehen. Der Weg – und die Straßen – führten mitunter direkt mitten durch ein riesiges Golfareal. Eines Tages ging ich diese Straße entlang. Auf einmal duckte ich mich, noch bevor ich verstehen konnte, weshalb ich mich ducken musste. Ich verlor dabei das Gleichgewicht und fiel um, als ich Vögel wegfliegen sah. Sie flogen an mir vorbei – doch weil mein Unterbewusstsein wusste, dass ich über einen Golfplatz ging und sich dieses auch vor umherfliegenden Golfbällen hütete, reagierte mein Unterbewusstsein schneller, als mein Bewusstsein die Situation zu analysieren vermochte. Wir sprechen dann von affektiven Verhaltensweisen, wenn unser Verhalten nicht bewusst erfolgt, sondern unbewusst. Wenn es vom Affekt gesteuert wird. Neurowissenschaftler haben das Gehirn auch schon bei derartigen kognitiven Prozessen untersucht und kamen zu dem Schluss, dass das Gehirn jeweils die

Areale verwendet, welche den Gedanken schneller in Handlung umsetzen können. Man spricht hier auch vom sogenannten Mandelkern, der für affektive Prozesse zuständig sei, und vom Neokortex, der für bewusst analytische Prozesse zuständig sei. Der Mandelkern ist wesentlich an der Entstehung der Angst beteiligt und gehört zu unserem limbischen Gehirn. Also folglich zu dem von der Evolution geprägten Gehirn, das mitunter überlebensnotwendige Prozesse steuert.

Als ich damals über den Golfplatz ging, bewegte mich folglich mein Mandelkern dazu, mich auf den Boden zu schmeißen, nur weil er glaubte, der im Augenwinkel gesehene Schatten sei ein auf mich zu fliegender Golfball.

Übertragen wir dieses Wissen auf unsere sozialen Lügen, so erkennen wir schnell, dass viele unserer Lügen nicht absichtlich erfolgen, sondern von unserem Affekt gelenkt werden. Von unserem limbischen System, das uns und unser Umfeld vor möglichen Gefahren schützen möchte.

Wenn wir uns nun am Beispiel des Liebespaares orientieren, das auf der Straße auf eine Exfreundin des einen Partners trifft, so erhalten wir im Weiteren eine zusätzliche Perspektive, welche das Lügen als einen ganz natürlichen Prozess des eigenen Schutzmechanismus verdeutlicht. Geht der Mann mit seiner Partnerin Hand in Hand und kreuzt dabei eine Expartnerin, wobei diese höflich grüßt und der Mann höflich zurückgrüßt, so ist diese Situation mit der Szene auf dem Golfplatz zu vergleichen. Ein falsches Wort könnte – wie der fliegende Golfball – die wunderbare, friedliche, liebevolle Stimmung zunichtemachen. Sagt gleich darauf die Partnerin des Mannes: „Willst du mir etwa sagen, du hast mit der etwas gehabt?", so wirkt diese schwierige Fragestellung derart bedrohlich, dass der Mann im Affekt Nein sagt. Für diesen Prozess trifft ihn jedoch keine Schuld, da er gar nicht die Möglichkeit hat, sein limbisches Gehirn zu kontrollieren. Das wäre beinahe so, als würde man einen Menschen dafür verurteilen, dass er Hunger und Durst hat. Es sind ganz natürliche Prozesse, die das Überleben eines jeden Einzelnen ermöglichen.

Die Lüge muss also folglich nicht immer ein Feind sein. Nein – sie kann genauso gut eine bereichernde Fähigkeit sein. Wer ein gesundes Maß zwischen Unterbewusstsein und Bewusstsein findet, der zeigt Initiative auf, das eigene Verhalten möglichst bereichernd zu gestalten. Bereichernd für sich und für sein Umfeld. Wer also unbewusst lügt, der darf nachwirkend mit dem Bewusstsein diese Lüge analysieren und über die Lüge aufklären, sollte sie eine zu hohe Gewichtigkeit bekommen.

Auch ich persönlich appelliere sehr stark an die Ehrlichkeit und Authentizität des Menschen. Doch hätten wir die Fähigkeit des Lügens nicht geschenkt bekommen, so gäbe es sehr viel mehr Konflikte, als uns lieb wäre. Und dennoch ermöglicht uns die Lüge, uns in andere Menschen hineinzuversetzen. Denn jede Lüge will verstanden werden. Und um die Lügen um uns herum verstehen zu können, müssen wir uns in den Prozess der Empathie begeben. Wir müssen unsere empathischen Fähigkeiten aktivieren, uns in das Gegenüber hineinversetzen und zu verstehen versuchen, welche Angst, welche Furcht und welches Sicherheitsbedürfnis zu dieser Lüge führten. Und haben wir die Lüge in ihrem Mechanismus verstanden, so haben wir uns soeben geistig weiterentwickelt. Es ist die Schule des Lebens, die uns all dies lehrt.

Auch ich bin der Meinung, dass Authentizität und Wahrheit das Leben aller Menschen einfacher machen. Die Ehrlichkeit bietet eine unbeschreiblich starke Energie, die wohl mit keiner Lüge dieser Welt zu vergleichen ist. Auch ich trage die unbewusst und bewusst schützende Denkweise in mir, dass ich von Menschen umgeben sein möchte, die die Ehrlichkeit in sich tragen. Es ist meine Art, dem lügenden Mensch eine Chance zu geben, indem ich versuche, ihn zu verstehen, wenn mir die Verbindung zu dem Menschen von Bedeutung ist. Und auch ich möchte einen Lernprozess auf der Seite des lügenden Menschen erkennen – solange sie nicht über den Affekt kam.

Die Lüge ist ein wunderbarer Grund sich in zwischenmenschlichen Beziehungen über die tiefsten Ängste auszutauschen. Weil Ängste oftmals erst durch Lügen bemerkbar werden. Erst wenn eine Lüge aufgedeckt wird, spricht man erstmals über die Angst, die hinter der Lüge steckt. Gäbe es also keine Fähigkeit zu lügen, so würden viele Menschen die eigenen Ängste ignorieren.

Ausserdem kann die Lüge als Chance betrachtet werden, die uns in unserer Empathie und geistigen Entwicklung fördert.

Wer die richtige Einsicht im Umgang mit Lügen erlangt, wird Gelassenheit erfahren dürfen.

Der Vorteil im Hier und Jetzt

Wie bereits beschrieben, litt ich, als ich klein war, unter sehr merkwürdigen, aus medizinischer Sicht nicht erklärbaren Affektanfällen. Diese kamen mehrmals täglich auf. Dabei verlor ich das Bewusstsein und verkrampfte mich so sehr, bis sich der Krampf irgendwann löste. Erst dann konnte ich wieder atmen und kam nach und nach wieder zurück ins Hier und Jetzt. Meine Mutter erzählt, dass es äußerst schmerzhaft war, mitansehen zu müssen, wie ich um den eigenen Atem rang, und sie jedes Mal von Neuem einfach nur hoffen konnte, dass ich wieder zurückkommen und nicht auf der anderen Seite bleiben würde. Ob ich wohl, weil ich bewusstlos war und über mehrere Minuten lang nicht mehr atmete, dem Tod näher war, kann mir wohl niemand beantworten. Doch die Bilder, die ich während diesen Grenzerlebnissen hatte, erklären mir sehr viel.

Selbst heute erinnere ich mich noch an gewisse Bilder, die ich während der damaligen Ohnmacht sehen konnte. Eines war ein Bild einer ausgetrockneten Wiese, auf der ein hölzerner Zaun stand. Der Zaun war gar nicht lang. Doch ich wusste komischerweise, dass ich dieses eine Zaunstück würde überwältigen müssen, obschon ich auch einfach um den Zaun herum hätte gehen können. Ein anderes Bild war jenes der Dimensionen. Ich erinnere mich, wie ich mich während der bewusstlosen Minuten selbst von oben herab sah. In einer Welt, die aus Ecken und Kanten bestand, in der ich aber so klein war, dass die Vorstellung der Größe des Raumes furchteinflößend war. Und mich überkam schon damals, als ich diese Bilder sah, eine Art Ehrfurcht vor der Größe des Raumes, der um mich herum geschaffen wurde.

Würde ich diese Bilder deuten, wie man auch Träume deutet, so würde ich das Bild des hölzernen Zaunes auf der ausgetrockneten, riesigen Wiese als Hinweis meines Unterbewusstseins deuten, dass man gewisse Hürden in Angriff nehmen und man sie nicht umgehen sollte. Einer ausgetrockneten Wiese fehlt die Fruchtbarkeit. Licht und Wasser. Ich war auf den dürren Gräsern der Wiese. Schaute nach oben und hatte ein intuitives Wissen darüber, dass ich über diesen Zaun steigen musste – selbst wenn ich den einfachen Weg gehen konnte. Vielleicht ist dieses Bild auch als eine Botschaft meines Unterbewusstseins zu deuten, dass ich durch diese jeweiligen Krampfanfälle hindurch musste, um mich dadurch zu stärken.

Wenn ich das Bild der Wiese mit dem des beängstigend großen Raumes vergleiche, so sehe ich als Gemeinsamkeit die großen Dimension, denen ich ausgesetzt war, die ich jedoch scheinbar beeinflussen konnte. Ich fühlte die Chance in mir, die Wiese vielleicht wieder fruchtbar machen zu können, indem ich über den Zaun stieg und vielleicht irgendwo Wasser fand.

Ich erinnere mich nicht daran, dass ich in der Vorstellung je über den Zaun steigen konnte – wenn ich diese Bilder jedoch mit meinem Leben vergleiche und mit den Botschaften, die ich dem Unterbewusstsein meiner Klienten vermitteln konnte, so wünsche ich mir natürlich, dass ich dadurch die Wiese unserer Welt etwas saftiger, grüner, sonniger, fruchtbarer und nahrhafter machen kann.

Wenn ich meine Situation heute als Hypnosetherapeut, Hypnoselehrtrainer und Präsident eines Hypnosetherapieverbandes analysiere, so kommt in mir das Bewusstsein auf, dass ich den Zustand der Hypnose bereits von klein auf kenne. Ich bin überzeugt, dass der Zustand, den ich als kleiner Junge hatte, wenn ich aufgrund der Anfälle jeweils bewusstlos war, vergleichbar ist mit dem Zustand der Hypnose. Denn auch in der Hypnose lassen wir das Bewusstsein absichtlich etwas auf der Seite und konzentrieren uns auf das Unterbewusstsein und dessen Inhalte. Auf diese Weise kommen Bilder auf, mit denen wir nicht gerechnet hätten.

Schon als Jugendlicher wurde mir bewusst, dass wir in unserer Gedankenwelt zwei sich bedingende Gegensätze aufweisen: das Bewusstsein und das Unterbewusstsein.

Das Bewusstsein ist die Instanz unseres Geistes, welche analysieren kann. Welche rationale Schlussfolgerungen leisten kann. Jedoch auch intellektuell einiges herleiten kann, wovon das Unterbewusstsein nur träumen kann.

Das Unterbewusstsein hingegen ist vergleichbar mit der Instanz unseres Geistes, die fühlt, und nicht denkt. Das Unterbewusstsein beschützt das Vertraute. Es folgt den Vorstellungen und den Gefühlen und braucht keine Erklärungen. Eine Fähigkeit, von der das Bewusstsein ebenfalls nicht zu träumen vermag.

Wie überall in unserer Existenz repräsentieren auch Bewusstsein und Unterbewusstsein das Grundgesetz der Polarität. Es gibt Tag und Nacht. Krieg und Frieden. Protonen und Elektronen. Die Kirche spricht von Himmel und Hölle. Und ebenso gibt es das Bewusste und das Unbewusste. Wobei ich mich glücklich schätzen darf, der Erkenntnis zu folgen, dass sich die Existenz der Polarität nicht wegdenken lässt.

In meiner Arbeit als Therapeut fiel mir bald auf, dass viele meiner Klienten ein Ungleichgewicht in der Aktivität des Bewusstseins und des Unterbewusstseins aufwiesen. Denn Menschen, die von gewissen Ereignissen, Aussagen, Verletzungen und dergleichen geprägt sind, haben oftmals einen schützenden Mechanismus verinnerlicht. Und zwar in der Art, dass ihr Unterbewusstsein auf einmal die Oberhand ergreifen und bestimmen möchte, was geschehen soll und was nicht. Dies möchte ich an einigen Beispielen veranschaulichen: So wird ein Mädchen, das in der Schule gemobbt und in ihrer Wertigkeit kritisiert wird, in einer Weise verletzt, in der das Unterbewusstsein ganz von selbst schützende Automatismen aktiviert. Das Unterbewusstsein möchte derartige Verletzungen zukünftig vermeiden, weshalb es beispielsweise in Liebesbeziehungen ständig von der Gefahr ausgeht, nicht hübsch genug oder nicht gut genug sein zu können.

Ebenso entwickelt ein Junge, der von seinem Bruder in einen Schrank eingesperrt wurde und unbeschreibliche Angst verspürte einen schützenden Mechanismus. Er meidet enge Räume, wie beispielsweise den Fahrstuhl.

Genauso entwickelt eine Frau, die auf verletzende Weise von ihrem Expartner betrogen wurde einen schützenden Mechanismus. Sie analysiert jeden weiteren Partner so sehr, bis sie sich einredet, dass ihr dasselbe erneut widerfahren würde und sie letztendlich die Beziehung aus Angst beendet.

Solche schützende Mechanismen werden oftmals ganz allein vom Unterbewusstsein des Menschen aktiviert und vermitteln dem Menschen dadurch natürlich den Anschein einer Sicherheit. Jedoch ist dieser Mechanismus in keinster Weise schützend. Er ist hindernd. Er ist vergleichbar mit einer Schablone, die das Unterbewusstsein konzipiert. Und sobald gewisse Grundkriterien dieser Schablone stimmig sind, reagiert das Unterbewusstsein mit schützenden Instanzen wie der

Angst, der Furcht, dem Vermeidungsverhalten oder den archaischen Programmen: Angriff, Flucht, Resignation.

In unserer modernen Zeit häufig mal aufkommende Ängste sind beispielsweise die Flugangst oder die Angst, sich in einen Tunnel begeben zu müssen. Aber auch die Angst vor Fahrstuhlfahrten. Ängste, die für die Betroffenen oftmals gar nicht bewusst erklärbar sind. Ängste, Situationen ausgesetzt zu sein, über die man keine Kontrolle mehr zu haben scheint. Solche Ängste dienen dem Unterbewusstsein als schützende Instanz, um sich möglichst nicht in bedrohliche Gefahren zu begeben. Diese Ängste schützen zwar vermeintlich das eigene Überleben, jedoch schränken sie die Betroffenen allzu sehr im Alltag ein. Betroffene können nicht mehr mit dem Flugzeug in den Urlaub fliegen. Sie können in keinen Fahrstuhl mehr steigen. Oder haben Schwierigkeiten Partnerschaften einzugehen. Wenn wir im Rahmen meiner Therapie ausschließlich mit dem Unterbewusstsein kommunizieren, um herausfinden zu können, welche Gefühle und Bilder in derartigen Situationen aufkommen, so gelangen wir gar oft an sehr erstaunliche Situationen. Situationen im Leben meiner Klienten, in welchen sie schutzlos ausgesetzt waren und geprägt wurden. Es kommen auf einmal Bilder auf, welche nicht mehr im Bewusstsein zu sein schienen. Bilder von vergangenen, ähnlichen Situationen – nicht zuletzt auch in der Kindheit und Jugend –, in denen vergleichbare, unangenehme Gefühle aufkamen, die nun in Tunnels, in Flugzeugen oder in Fahrstühlen aufkommen konnten. Wenn wir diese Informationen seitens des Unterbewusstseins erlangen, so stellen wir fest, dass es sich bei der Flugangst nicht um die Angst vor dem Fliegen handelt. Dass es beim Transfer durch einen Tunnel nicht um die Angst vor dem Tunnel selbst geht. Und dass sich während der Fahrstuhlfahrt nicht die Angst vor dem engen Raum breitmacht. Nein – es ist die Angst, in solchen Situationen hilflos zu sein. Keine Kontrolle über das Geschehen zu haben. Die Angst, sich geschehen zu lassen.

In der Therapie schauen wir mitunter bei vergleichbaren Anliegen unter Hinzuziehung des Unterbewusstseins Vorstellungen und Gefühle an, die gemeinsam mit der Angst aufkommen, die aber oftmals dem Bewusstsein bis dahin verborgen waren. Sind wir zu den falschen, unterbewussten Programmen gelangt, so bewerten wir diese neu, sodass sie auch im Hier und Jetzt viel erträglicher werden oder ganz verschwinden. Dies ist jedoch nur dann möglich, wenn wir das Bewusstsein in den Momenten hinzuziehen können, in denen wir in der Erinnerung auf vergangene, falsch programmierte Erfahrungen treffen. Denn in genau diesen Momenten hat das Bewusstsein die Aufgabe, dem Unterbewusstsein aufzuzeigen, dass die angetroffenen Prägungen damals falsch bewertet wurden.

Wenn wir im Alltag mit negativen Gedanken, Sorgen und Ängsten konfrontiert werden, so können wir diese Fähigkeit der Zusammenarbeit des Bewusstseins und des Unterbewusstseins positiv nutzen. Dazu brauchen wir nicht mal in einer therapeutischen Hypnose zu sein. Denn der geheime Schlüssel hierfür liegt im Wunder der Polarität. Im Wunder der sich gegenseitig bedingenden Gegensätze. Im Wunder der Tatsache, dass das Negative immer nur dann bestehen kann, wenn auch das Positive existiert.

Sorgen, Ängste und negative Gedanken können nur deshalb existenziell sein, weil sie einen wunderbar positiven Gegensatz bergen. Dies ist unter anderem der Inhalt der von mir konzipierten Invaluationstherapie.

Gelingt es uns, die zweite, bedingende Hälfte zu finden, die uns den Vorteil der Gegebenheit verdeutlichen kann, so wird es uns auch gelingen, Leichtigkeit und Gelassenheit zu erfahren.

Ich möchte dies gerne an einem Beispiel aus dem Alltag verdeutlichen:

Stellen wir uns vor, eine Frau und ein Mann haben sich vor einigen Jahren das Ja-Wort gegeben. Sie haben sich versprochen, in guten wie in schlechten Zeiten zueinanderzustehen.

Als die Frau eines Tages dem Bedürfnis folgt, ihrem etwas farblosen Haar neuen Glanz zu verschaffen, indem sie – während ihr Mann bei der Arbeit ist – ihr Haar nachfärbt, holt sie auf einmal ihre unterbewusste Prägung ein. Die Prägung, die ihr das Gefühl vermittelt, sie könnte nicht wertvoll genug sein für ihren Mann. Nicht hübsch genug. Für ihn, der doch bei der Arbeit von allen Seiten derart viel Anerkennung genießen darf.

Als sie sich die Haare färbt, hat sie die Idee, aus der ganzen Situation eine Art Test zu machen. Ein Test, der ihr vermeintlich Sicherheit geben soll. Ein Test, der aufzeigen soll, ob ihr Mann immer noch zufrieden ist mit ihrem Aussehen, oder nicht. Ein vermeintlicher Indikator dafür, ob ihr Mann sie noch mit ebenso verliebten Augen anschaut, wie es zu Beginn der Beziehung der Fall war. Deshalb nimmt sie sich vor, im Rahmen des Tests ihrem Mann, sobald er von der Arbeit nach Hause kommt, vorzuenthalten, dass sie ihr Haar nachgefärbt hat, bis er ganz von selbst fragt, ob sie ihr Haar nachgefärbt habe. Würde er nachfragen, so hätte sie die Gewissheit, dass er sie optisch noch genauso wichtig nähme wie in den guten alten Zeiten.

Als ihr Mann schließlich nach Hause kommt, begrüßt er sie mit einem Küsschen, so wie immer, wenn er von der Arbeit nach Hause kommt. Noch scheint er nichts bemerkt zu haben. Selbst nach dem gemeinsamen Abendessen macht er keine Bemerkung zu ihrer aufgefrischten Haarfarbe. Bis die beiden letztendlich vor dem Einschlafen nebeneinander im Bett liegen, und sie an dieser Stelle ihrem Ultimatum ein Ende setzt. Sie beendet ihren Test mit den Worten: „Ich bin enttäuscht von dir!" Er versteht ihre Aussage nicht und fragt, weshalb. Sie antwortet: „Weil du mich nicht mal mehr richtig anschaust. Bin ich dir tatsächlich so unwichtig geworden, dass du meine optischen Veränderungen gar nicht mal mehr wahrnimmst?" Seine Erwiderung, dass er bei sich dachte, etwas sei anders, kann den negativen Ausgang des Tests nicht mehr gut machen.

In genau diesem Moment, der nur zu einem unnötigen Konflikt führt, an dessen Stelle sonst die tiefe Liebe, die vertrauten Berührungen und das Gefühl der Zweisamkeit hätte stehen können, wird das Unterbewusstsein von alten Prägungen heimgesucht.

Dem Ganzen könnte die Frau sehr rasch ein Ende setzen – allein nur indem sie dem Grundgesetz der Polarität folgt, in sich geht und herausfindet, weshalb die Sachlage genau so richtig ist, wie sie gerade ist.

Ein sehr weises Vorgehen in derartigen Konflikten ist, den Vorteil der jetzigen Lage zu erkennen und den Nachteil der entgegengesetzten Lage, der vermeintlichen Wunschlage, zu sehen. Die Sachlage ist die, dass ihr Mann nicht wirklich bemerkt hat, dass sie ihr Haar nachgefärbt hatte. Ihr Wunsch wäre aber gewesen, von ihrem Mann zu hören, wie toll ihre brillierende, aufgefrischte Haarfarbe wirke. Und genau hier liegt der Clou. An genau dieser Stelle sollte sie in ihren Wunsch – in das absolute Gegenteil der wirklichen Sachlage – eintauchen und sich vorstellen, wie es gewesen wäre, wäre ihm, kaum wäre er zur Tür reingekommen, aufgefallen, dass ihr Haar frisch gefärbt ist. Wäre dies der Fall gewesen, so hätte ihr Unterbewusstsein in dieser Tatsache wohl genauso den negativen Pol gefunden. Nämlich wäre dann die Tatsache, dass ihm das frisch gefärbte Haar auffiel, ebenso negativ bewertet worden. Und zwar insofern, als auf einmal die Frage aufgekommen wäre, ob für ihn wohl eine frische und jung wirkende Haarfarbe attraktiver wirkte? Ob ihm das Haar jüngerer Frauen wohl besser gefiel? In jenem Fall hätte sie sich wiederum gewünscht, dass ihm die aufgefrischte Haarfarbe nicht sofort aufgefallen wäre.

In allem gibt es immer so einen negativen wie einen positiven Wert zu erkennen. Besonders leicht ist dies bei derartigen alltäglichen Gelegenheiten zu erkennen. Anspruchsvoller wird es, wenn wir mit tiefen Schicksalsschlägen konfrontiert werden. In solchen Situationen müssen wir oftmals bisherige, gedankliche Ebenen verlassen und uns in neue Räume und neue Dimensionen begeben. In spirituelle Ebenen. In Ebenen der höheren, geistigen Entwicklung.

Im Falle des Ehepaars und des inneren Konfliktes der Frau, die ihr Haar nachgefärbt hat, gibt es in beiden möglichen Ausgangslagen positive wie negative Werte.

Im Fall, der eingetroffen ist, empfand sie die Tatsache, dass ihm die frische Haarfarbe nicht auffiel, als Zeichen der Geringschätzung ihr gegenüber.

Und im Fall, dass ihm das nachgefärbte Haar sofort aufgefallen wäre, hätte sie sich ebenso wertlos gefühlt, in der Annahme, dass für ihn eine intensive Haarfarbe von Wichtigkeit sein könnte, was sie auf rein natürliche Weise aufgrund ihres Alters nicht mehr bieten konnte.

Schaut sie folglich ihre angebliche Wunsch-Ausgangslage einmal wirklich an und blickt ganz tief hinein, so erkennt sie darin einen ebenso negativen Wert, den sie wohl noch eher vermeiden will als den scheinbar negativen Wert der eingetroffenen Situation.

Denn wenn sie sich dann ihren Mann in seinem Dasein verdeutlicht, so erkennt sie, dass er ihr Wunschmann ist und dass sie in Wirklichkeit gar keine Freude daran hätte, würde ihr Mann eine intensive, jünger wirkende Haarfarbe derart bedeutungsvoll finden, dass ihm diese so schnell auffiele. So erkennt sie den Vorteil der wirklichen Gegebenheit. Weil sie den Nachteil im ursprünglich gewünschten, gegenteiligen Zustand erkennt. Ein vergleichbares Beispiel gibt es natürlich auch für eine mögliche Angst des Mannes. Angenommen, er erhält aufgrund eines ihm zugesprochenen Bonus für seine herausragende, berufliche Leistung einen neuen Firmenwagen, den er auch als Privatfahrzeug gebrauchen darf. Mit diesem neuen, frisch gewaschenen Wagen fährt er zu Hause vor, wo er seine Frau lediglich abholt, um sie daraufhin ins Theater auszuführen.

Als sie in den Wagen steigt, lässt sie keine Bemerkung fallen und scheint nicht realisiert zu haben, dass er seit jenem Tag einen neuen Wagen fährt.

Nach dem Theater gibt er ihr, als sie einsteigt, eine weitere Chance, festzustellen, dass er von seinem Chef einen neuen Wagen bekommen hat. Doch wieder nichts. Bis er auf der Heimfahrt kraftvolle Töne von sich gibt und sich entsetzt, dass ihr nicht aufgefallen ist, dass er einen neuen Wagen fährt.

Auch in diesem Fall ist der Mann bestimmt von seiner Prägung, seine Leistung stets wertgeschätzt bekommen zu müssen. Vielleicht aus dem Grund, dass ihm sein Unterbewusstsein durch die Erfahrungen seiner Vergangenheit suggeriert, er bekomme lediglich Liebe für Leistung.

Dadurch, dass ihr das neue Auto nicht auffiel, suggeriert er sich, sie interessiere sich nicht für die Arbeit, die er tagtäglich leistet. Er redet sich ein, sie interessiere sich nicht für die Ziele, die er sich setzt, und wird von der Angst beschlichen, sie habe es nur auf das Geld abgesehen, das er monatlich nach Hause bringt.

Würde auch er sich in diesem Moment in seine Wunsch-Ausgangslage hineinversetzen und den Nachteil darin finden, so wird er erkennen, dass die Frau neben ihm, auf dem von der Sitzheizung gewärmten Beifahrersitz, die Frau ist, die er sich schon immer gewünscht hat. Die, die keinen Wert auf Materielles legt. Die, der vollkommen unwichtig ist, wie viel Geld er nach Hause bringt, solange sie beide von der Liebe leben können.

Wäre ihr nämlich der neue Wagen unmittelbar beim ersten Sehen aufgefallen, so hätte er die Empfindung gehabt, seiner Frau wäre der materielle Wert, der finanzielle Reichtum, der Status von Bedeutung. Er hätte sich vielleicht sogar suggeriert, seine Frau fände Männer, die in einem vom Status geprägten Wagen vorfahren und eine volle Brieftasche mit sich führen attraktiver als solche, die weniger Materielles zu bieten haben, dafür umso mehr Immaterielles mit Tiefgang.

Dieses Sich-Vorstellen des Gegensatzes, der meist den vermeintlichen Wunsch darstellt, ermöglicht es uns, darin ebenso einen negativen Wert – einen Nachteil – zu erkennen und mit der wirklichen Gegebenheit Frieden zu schließen. Zu erkennen, wie in der Skizze dargestellt, dass der positive Wert der Gegebenheit deutlich grösser sein kann, als der des Gegenteils. Und, dass der Nachteil im Gegenteil deutlich grösser sein kann als der Nachteil in der Gegebenheit.

Sich im Erkennen des Vorteiles der realen Gegebenheit einfach gehen lassen zu können, macht den Vorzug unseres Lebens aus. Insbesondere dann, wenn wir Gegebenheiten nicht mehr ändern können. Sich an der Botschaft des Positiven erfreuen zu können.

Diese Erkenntnis nützt uns nicht nur in zwischenmenschlichen Angelegenheiten, sondern auch bei alltäglichen Sorgen, Ängsten und negativen Gedanken. Menschen, die sich mit alltäglichen Ängsten und Sorgen herumschlagen, empfehle ich genauso, in der Gegebenheit, welche die Angst auslöst, eine andere, positivere Perspektive zu erkennen. In der Gegebenheit einen positiven Wert zu erkennen, welcher die gesamte Sachlage wertvoller gestaltet. Doch dieser positive Wert muss auch wirklich bewusst gesucht werden. Eine Suche, die erst damit endet, dass die positive Facette erkannt wurde.

So soll beispielsweise, wer im Flugzeug sitzt und eine Angst verspürt, in der gesamten Sachlage möglichst viele positive Werte suchen. Werte wie der, dass das Gehäuse des Flugzeuges vor Unwetter und Blitzschlägen schützt. Dass der Flieger einen weit weg von allen bodenbelasteten Problemen bringt. Weg von allen Gefahren, die auf dem Boden lauern. Weg von allen negativen Energien, die auf der Erde wirken. In Sicherheit. Würden Kriege und Naturkatastrophen herrschen, so wäre das Dasein im Flugzeug eine der sichersten Formen. Ebenso kann man die sicheren Komponenten im Fahrstuhl finden – wie auch im Tunnel. Überall dort stellt die Materie, die uns im Fahrstuhl oder im Tunnel umgibt, einen schützenden Kokon dar.

Wer den positiven Wert sucht, wird ihn finden. Wer ihn gefunden hat, wird eine emotionale Ruhe erfahren dürfen. Eine Ruhe, die in die Leichtigkeit führt. Eine Leichtigkeit, die in die Gelassenheit führt. Und eine Gelassenheit, die uns in die Freiheit führt. Die uns in unsere Ruhe führt.

Wer sich einfach geschehen lässt, der findet mit Einsicht in die Gelassenheit.

Mit Einsicht.

Anleitung: Mit der Einsicht zu Ruhe und Leichtigkeit

Wer sich mit einer nicht änderbaren Sachlage und den damit verbundenen, negativen Gedanken quält, soll mithilfe folgender Vorgehensweisen die Ruhe, Leichtigkeit und Gelassenheit erfahren dürfen:

1. Vorteil in Gegebenheit erkennen
Finde den Vorteil in der realen Sachlage. Wenn du direkt keine oder zu wenige Vorteile erkennen kannst, so

finde heraus, in welchen möglichen Szenarien oder aus welchen Perspektiven die Gegebenheit einen Vorteil darstellen würde, und erfreue dich daran, dass dieser Vorteil bereits besteht.

2. **Nachteil im Gegenteil (Nachteil in vermeintlicher Wunsch-Gegebenheit)**
Finde heraus, inwiefern du in der ursprünglichen, vermeintlichen Wunsch-Gegebenheit ebenso negative Werte erkennen kannst, welche du auf jeden Fall meiden möchtest. Und erfreue dich daran, dass diese negativen Werte, diese Nachteile, deutlich unerwünschter sind als der vermeintliche Nachteile der bestehenden Situation.

Erfahre die Leichtigkeit und Gelassenheit durch die Erkenntnis, dass jeder noch so negative Wert eine positive Perle birgt, die man nicht missen möchte.

Wie wir uns unbemerkt selbst hypnotisieren

Es ist eine wunderbare Eigenschaft des Menschen: die Fähigkeit, hypnotisiert zu werden. Man spricht dann von einer Hypnose, wenn man auf einen Menschen oder auf eine Aussage – auf einen Inhalt eben – eine sehr hohe Aufmerksamkeit hat. Und man in dieser Aufmerksamkeit auf einmal bestimmte, suggerierte Gefühle und Vorstellungen wahrnehmen kann. Wenn Menschen also von den Aussagen anderer Menschen derart beeinflusst werden, dass bestimmte Gefühle und Vorstellungen aufkommen, so kann man von einem hypnotischen Vorgang sprechen.

Folglich stellen wir fest, dass wir gar öfter hypnotisiert werden, als wir uns dessen bewusst sind. Wenn wir beispielsweise an einem warmen Sommertag vom eigenen Schweiß durchnässt, sehnlichst auf der Suche nach einem kühlen Getränk an einem Werbeplakat vorbeigehen, auf welchem ein kühles, erfrischendes Getränk abgebildet ist, so laufen wir Gefahr, von diesem Plakat hypnotisiert zu werden. Denn wenn die Botschaft der Erfrischung in uns ein Verlangen auslöst und wir in Zukunft mit dem Getränk nur erfrischende Assoziationen haben, so konnte dieses Werbeplakat in uns Gefühle und Vorstellungen auslösen. Das bedeutet: Wir wurden hypnotisiert.

Ebenso verhält es sich, wenn wir einem Politiker zuhören, der uns mit seinen Botschaften in unserer Gefühlswelt und in unserer Vorstellung beeinflussen kann.

Dieses faszinierende Phänomen kann natürlich in positiver ebenso wie in negativer Hinsicht aufkommen. Wir gehen davon aus, dass es in positiver Hinsicht erfolgt, wenn es auch wirklich dem ureigenen Willen des hypnotisierten Menschen entspricht, positiv beeinflusst zu werden. Und wir sprechen von einer negativ verwendeten Hypnose, wenn durch die Beeinflussung der Wille des hypnotisierenden Menschen verfolgt wird. In diesem Falle wird gar oft von Manipulation gesprochen. Manipulation ist ursprünglich ein äußerst positiver Begriff. Er leitet sich aus dem Lateinischen Wort „manus" für die Hand und „plere" für „füllen" ab. Folglich steht dieser Begriff in der Bedeutung von „eine Handvoll haben". Wir wissen, dass in vielen alternativmedizinischen Verfahren die Manipulation eine sehr geschätzte Fertigkeit des ausführenden Therapeuten ist. So war die Manipulation der körperlichen Ströme im Rahmen des animalischen Magnetismus zu seiner Zeit eine sehr anerkannte Methode. Und in der manuellen Medizin spricht man auch heute noch dann von Manipulation, wenn durch mit der Hand durchgeführte Techniken Blockaden gelöst werden. Wer bereits einmal bei einem Chiropraktiker war, weiß, dass dieser mit einer gezielten, mit seinen Händen ausgeführten Bewegung eine mechanische Blockade lösen kann.

Ansonsten sprechen wir heutzutage leider vorwiegend nur noch dann von Manipulation, wenn Menschen durch gezielt suggestive Methoden ihre Macht missbrauchen. Man spricht von einer Art der Fremdbestimmung.

Genauso wie man alle Energien auf unserer Welt in negativer, missbräuchlicher Hinsicht verwenden kann, gibt es glücklicherweise auch immer eine positive Form der Energie. Das gilt auch für die Hypnose. So schätze ich es beispielsweise sehr, dass ich vielen Menschen mittels meiner Hypnosetherapie bei der Bewältigung von Süchten, Ängsten und anderen Anliegen helfen kann. Die Hypnose ist ein wunderbares Phänomen, durch welches es uns gelingt, im Unterbewusstsein des hypnotisierten Menschen neue Gefühle und Vorstellungen aufkommen zu lassen. Diese können letztendlich auch die Denkweise und das Verhalten des Menschen positiv beeinflussen. So können wir mithilfe der Hypnosetherapie Menschen, die unter Flugangst leiden, in Bezug auf das Fliegen völlig neue, positive Gefühle und Vorstellungen suggerieren, welche vom Unterbewusstsein auch dankbar aufgenommen und umgesetzt werden. Es ist möglich bei Menschen, die ein Suchtverhalten aufweisen, eine Abneigung gegen die süchtig machende Substanz herbeizuführen.

Wir können die Hypnose aber auch in unserem Alltag sehr positiv erleben. So kann sich beispielsweise eine Sportmannschaft in der Garderobe, noch vor einem Wettkampf, derart positive Autosuggestionen geben, dass sie letztendlich den Wettkampf auch gewinnen wird. Das heißt, die Sportler beeinflussen sich in ihrem Optimismus, Durchhaltevermögen und ihrer Überlegenheit gegenseitig. Sie entwickeln unheimlich starke Gefühle der Siegeslust. Gefühle des Triumphes.

Ebenso kann eine Mutter ihre Tochter mit positiven Worten, wie: „Du bist unglaublich schlau – wann auch immer es ein Problem gibt, findest du eine optimale Lösung" so sehr in positiver Weise hypnotisieren, dass sich dieses Mädchen ein Leben lang auch selbst glauben wird, dass es äußerst intelligent und lösungsorientiert ist. So wird dieses Mädchen, noch wenn es erwachsen ist, aufgrund der unterbewusst stets vorhandenen Suggestion der Mutter selbst dann fantastische Lösungen finden, wenn alle anderen bereits aufgegeben hätten.

Die Hypnose ist ein Wunder der Natur. Und diese Fähigkeit, unser unterbewusstes Denken positiv beeinflussen zu können, hat mit Jahrmarkt-Hypnosen und deren Mythen nur sehr wenig zu tun.

Ebenso wie wir uns gegenseitig hypnotisieren können, ist es auch möglich, uns selbst zu hypnotisieren. Uns Menschen ist die Fähigkeit gegeben, uns selbst Vorstellungen und Gefühle so lange zu suggerieren, bis diese für uns wahr werden. Natürlich werden diese meist nicht objektiv wahr – jedoch für uns selbst, subjektiv.

Ein Beispiel hierfür sind die Selbsthypnosen bezüglich unserer eigenen Persönlichkeit. So suggerieren sich viele Menschen eine besonders negative Eigenschaft so lange, bis sie selbst glauben, dass sie diese besitzen. Denn wenn wir uns eine bestimmte Tatsache lange oder intensiv genug einreden, glauben wir diese mit der Zeit.

Ein Beispiel hierfür ist der Mann, der sich einredet, dass immer dann, wenn er kurz vor seinem beruflichen Erfolg steht, ihm irgendjemand oder irgendetwas einen Strich durch die Rechnung macht. Wenn sich der Mann dies oft und intensiv genug vorstellt, so wird diese Vorstellung für ihn wahr werden. Weil sein Unterbewusstsein förmlich nur noch von dieser Vorstellung ernährt wird und sich förmlich nur noch dieser Vorstellung hingeben kann. Seinem Unterbewusstsein werden schließlich keine anderen Vorstellungen angeboten, auf die es zugreifen könnte. Der Mann, der sich diese bestimmte Eigenschaft zuspricht, läuft Gefahr, diese Eigenschaft selbst wahr werden zu lassen, indem er, wenn der Erfolg vor der Tür steht, förmlich etwas sucht, was ihm den Strich durch die Rechnung machen könnte. Sei es eine zu hohe Rechnung, die ins Haus flattert und existenzielle Ängste in ihm hervorruft. Oder ein Beziehungsstreit, welcher seine Aufmerksamkeit fordert und in ihm den Anschein erweckt, als würde sein Schicksal seinen

Erfolg zu verhindern versuchen. Bis hin zu seinen eigenen Gedanken, die ihm – sollte das Schicksal zu lieb zu ihm sein – in seiner Behauptung recht geben könnte. Ein eigener, negativer Gedanke, der in ihm Ängste aufwirbelt, die ihn auf einmal scheinbar daran hindern, am Ball zu bleiben. Bis er letztendlich wieder mal kapitulieren muss.

Und wenn es rein gar nichts gibt, das seinen Glaubenssatz bestätigen könnte, so redet er sich ein, dass sein Glück nur eine Ausnahme ist, die nicht von all zu langer Dauer sein kann. Er redet sich dies so lange ein, bis sein Glück wieder ein Ende nimmt. Schließlich hatte er sich diesen Ausgang ja prophezeit.

Ein Beispiel für die weibliche Seite könnte das der Frau sein, die sich einredet, sie würde von all ihren Partnern betrogen und würde nie den richtigen Mann finden. Sie glaubt, dass alle Männer eine betrügerische Seite in sich hätten, die sie vorerst vertuschen, und die sie – die Frau – letztendlich entlarvt. Wenn sich die Frau diese Suggestion lange und oft genug sagt, wird sie selbst dafür sorgen, dass ihre Suggestion für sie wahr wird. Dann wird eine nicht zu umgehende Lüge auf einmal zu einem massiven Vertrauensmissbrauch. Sozusagen zu einer Art Betrug. Und jede entsprechende Geste, jeder falsche Blick, jedes unpassende Wort, jede Meinungsäußerung hinsichtlich Treue wird auf einmal als unbewusster Hinweis auf die betrügerische Seite des Mannes angesehen. Selbst dann, wenn der Mann sich sehr treu und vertrauenswürdig verhält, so könnte jene Frau munkeln, dass diese intensive Art der Treue kaum real sein kann, sondern lediglich eine verräterische Vorstellung falscher Tatsachen sei. „Ein Mann, der sich so treu gibt, vertuscht damit nur, dass er in Wirklichkeit untreu ist" könnte die aus der hinderlichen Selbsthypnose gefolgerte Schlussfolgerung in einem solchen Moment sein.

Wer sich selbst in hinderlicher Weise hypnotisiert hat, – sich etwas einredet – erwacht leider oft erst viel später aus der Selbsthypnose, als es erwünscht ist. Menschen, die sich in gewissen Angelegenheiten bestimmte pauschale Grundsätze suggerieren oder einer bestimmten Behauptung eine hohe Aufmerksamkeit schenken, schaffen förmlich eine Art Radar rund um diesen Gedanken. Und alles, was in der Nähe dieses Gedankens ist, scheint diesen Gedanken zu bestätigen. Selbst Gegenbeweise werden scheinbar entlarvt und werden als ein Indiz für die Behauptung, die sich die Menschen einreden, gewertet.

Wenn also der Mann gelobt wird, der sich einredet, dass er immer in seinem Erfolg gehindert wird, so wird diese Form der Anerkennung als ein Beweis für seinen Misserfolg gesehen. Er redet sich ein, dass man ja nur die Menschen derart lobt, die im Grunde erfolglos sind und die man – ähnlich wie bei Kindern – motivieren möchte nicht aufzugeben.

Ebenso bei der Frau, die sich einredet, sie würde von all ihren Partnern betrogen. Beweist ihr wirklich treuer Partner seine Treue, indem er keine anderen Frauen beachtet, so redet sich die Frau ein, dass dies nur eine Masche sei um sein Verlangen nach anderen Frauen zu vertuschen.

Und wenn mal ein Gegenbeweis nicht in einen Beweis für die eigene Behauptung umgeformt werden kann, so wird dies als Ausnahme abgetan. Eine Ausnahme, die das eigene Weltbild nicht ins Schwanken bringen kann, wenn die Selbsthypnose stark genug ist.

Wer sich selbst hypnotisiert, gibt einem gewissen Gedanken, einer Einstellung, Pauschalisierung oder gar dem eigenen Weltbild so viel Aufmerksamkeit, dass nur noch diese als wahr erscheinen. Ein Grundgesetz, das wir alle kennen. Wir alle, jeder einzelne von uns, hypnotisiert sich selbst. Einige von uns sogar tagtäglich. So beispielsweise Menschen, die sich einreden, sie würden bereits am Vorabend merken, dass sie am darauffolgenden Tag krank werden. Und die zum eigenen Erstaunen wirklich am folgenden Morgen krank – mit Fieber, Schnupfen, Kopfschmerzen oder dergleichen – aufstehen. Menschen, die sich einreden, sie seien nicht gut genug, und dies überall widergespiegelt bekommen – vom Arbeitgeber, vom Partner und von der eigenen Familie. Oder Menschen, die sich einreden, sie zögen ständig die falschen Menschen an – und tatsächlich durch die sich selbst erfüllende Prophezeiung davon überzeugt werden, weil sie förmlich nur noch die „falschen", „nicht passenden" Seiten jener Menschen suchen, bis sie diese gefunden haben.

Vereinfacht könnten wir sagen: Hypnotisieren wir uns selbst, so reden wir uns selbst etwas bewusst oder unbewusst ein und suchen diese subjektiven „Wahrheiten" um uns herum so lange, bis wir sie gefunden haben. Dies kann ganz bewusst vonstattengehen, aber auch ganz unbewusst.

Selbsthypnosen – sprich: sich subjektive Wahrheiten so lange einzureden, bis man sie selbst glaubt – entsprechen im Grunde einer fantastischen Eigenschaft der Menschen. Es ist eine Fähigkeit.

Eine Fähigkeit ist nur dort möglich, wo Energie ist. Und Energie kann man in negativer wie in positiver Weise nutzen. So gibt es Menschen, die das energiereiche, chemische Element Uran zu destruktiven Zwecken – wie dem Bau von Atombomben – verwenden, andere jedoch ersehen Uran als energiespendendes Element, um Strom herzustellen, den man zu positiven Zwecken verwenden kann. Ähnlich verhält es sich mit Selbsthypnosen. Es gibt Menschen, die sich selbst derart tief und negativ hypnotisiert und die dadurch ein eigenes

Weltbild erschaffen haben, in dem andere Menschen, die Teil jenes Weltbildes sind, leiden müssen. So zum Beispiel, wenn ein Stereotyp – ein Vorurteil gegenüber anderen Menschen – Teil der Selbsthypnose ist, und diese Menschen dann aufgrund des Stereotyps leiden müssen.

Wenn wir uns jedoch auf die positive Eigenschaft der Selbsthypnose fokussieren, so erkennen wir, dass uns gerade die Fähigkeit der Selbsthypnose oftmals erst das Durchhaltevermögen gibt, das wir brauchen. Die Leichtigkeit gibt, die wir brauchen. Die Selbstverständlichkeit gibt, die wir brauchen. Denn die Selbsthypnose kann genauso in äußerst positiver Hinsicht wirksam sein.

So war die Selbsthypnose schon eine treibende Kraft, die vielen Pionieren dazu verhalf, stark zu bleiben, trotz hinzunehmender Rückschläge. Und auch Sportler, die sich selbst sagen, dass sie den Wettkampf gewinnen werden, und die trotz geringer Chance das Blatt letztendlich noch wenden und gewinnen, haben sich selbst hypnotisiert.

Menschen, die sich schon von klein auf zugesprochen haben, dass sie, wenn sie mal erwachsen sind, jenen ganz bestimmten Beruf haben werden, und dies letztendlich auch geschafft haben, trotz manch knappem Schulzeugnis und ungenügender Schulnoten.

Die Fähigkeit, uns selbst zu hypnotisieren, ist eine treibende Kraft, die uns den Glauben an das, was wir uns selbst zusprechen, gibt. Das ist die angenehme Seite der Selbsthypnose, die unbedingt so beibehalten werden soll.

Doch wenn wir nun uns selbst analysieren und unsere eigenen Ängste und Sorgen durchleuchten, so muss sich vielleicht manch einer von uns eingestehen, dass diese Ängste und Sorgen Teil unserer eigenen Selbsthypnosen sein könnten. Dass manch einer von uns so tief im Glauben an die eigene Realität ist, dass nur noch diese für ihn wahr zu sein scheint. Eine Tatsache, der selbst die besten Ärzte und Wissenschaftler ins Auge sehen mussten. So sagt uns beispielsweise der wissenschaftliche Welle-Teilchen-Dualismus, dass Licht ebenso als elektromagnetische Welle betrachtet werden kann wie als Materie. Das bedeutet, Licht scheint sich nicht nur in Form von Wellen auszubreiten, sondern auch als Teilchen ersichtlich zu sein. Licht soll Materie ebenso wie eine Welle sein. Wissenschaftler fanden heraus, dass das Licht für uns immer die Eigenschaft aufweist, als die wir es betrachten möchten. Wird ein Experiment so gestaltet, dass wir Licht als Teilchen betrachten möchten, so werden wir Teilchen sehen können. Möchten wir jedoch Licht als eine elektromagnetische Welle sehen, so werden wir Interferenzmuster, das heißt sich überlagernde Wellenabbildungen sehen können.

Es war unter anderem Einsteins Relativitätstheorie, die die Wissenschaft aufgerüttelt hat, Vorstellungen zu generieren, die eben nur relativ real sein können. Wie die Annahme, dass die Zeit in Bewegung langsamer vergeht als im Stehen. Eine Raum-Zeit-Theorie, die eine völlig neue Interpretation der Relationen von Zeit und Raum forderte und die heute unabdingbar ist für die Präzisionsarbeit mit Satelliten. Jeder Mensch, der schon mal ein Navigationssystem genutzt hat, hat diese präzise Lokalisierung Einsteins Relativitätstheorie zu verdanken. Denn ohne diese Theorie gäbe es keine nachhaltige, metergenaue Lokalisierung.

Und wenn selbst in der Wissenschaft die Relativität als ein greifbarer Parameter für unsere Realität angesehen wird, so glaube ich, dürfen auch wir uns in unserem Alltag erlauben, gewisse Tatsachen zu relativieren.

Fällt uns also auf, dass immer wiederkehrende Sorgen und Ängste unseren Geist unnötig beanspruchen, so ist der Gedanke an eine mögliche Selbsthypnose sinnvoll.

Es ist die Relativität, die unsere Wahrheit schafft. Es ist unsere Relativität zu bestimmten Erfahrungen, die wir sammeln durften und sammeln mussten, die unsere eigene Realität so relativ macht.

Wenn wir die Herkunft des Wortes „relativ" betrachten, so stoßen wir auf das Lateinische „reffere", in der Bedeutung von „sich auf etwas zurückwenden, etwas zurückbringen", aus den Bestandteilen „re-" für „zurück" und „ferre" für „bringen, tragen". Daraus entstand das lateinische „relatus" für „zurückgewendet" und das lateinische „relativus" für „sich auf etwas beziehen". Wenn wir also unsere eigens erschaffenen Realitäten für uns etwas relativieren, so beziehen wir uns zurück – zurück auf unsere eigenen Erfahrungen, Prägungen, Schicksalsschläge. Wir beziehen uns dann auf alles, was wir erlebt haben, und schaffen uns dadurch unsere eigene Realität, die gar oft fernab jeglicher objektiver Realität stehen kann. Letztendlich kommen wir zur Einsicht, dass eine Objektivität, wie wir uns diese vorstellen, wohl kaum möglich zu sein scheint.

Bevor wir uns also wegen einer Sorge, einer Angst oder einem sonstigen bedrückenden Anliegen den Kopf zerbrechen, oder wir uns in negative Gemütszustände hineinsteigern, ist es durchaus sinnvoll, zuerst mal die eigene Realität zu hinterfragen. Zu erkennen, weshalb diese Realität für uns so wahr zu sein scheint. Wenn wir dann erkennen, dass wir vergleichbare Erlebnisse schon mal so erfahren haben, so ist durchaus denkbar, dass unser Unterbewusstsein aufgrund von negativen Erfahrung eine Art Schablone schuf. Eine Schablone, die uns in zukünftigen, ähnlichen Situationen vermeintlich Halt und Sicherheit zu geben scheint. Deshalb ist dann der Verdacht auf eine negative Selbsthypnose besonders groß, wenn eine Sorge oder Angst so bereits schon mal vorkam. Weil jedes ähnliche, vergangene Erlebnis unterbewusst von unserer Kognition analysiert wird. Und dementsprechend eine vorsorgende Schablone kreiert wird. Diese Schablonen werden dann von unserem Unterbewusstsein ausgeschmückt und zugleich präzisiert. So hatte ich Menschen in meinen Therapiesitzungen, deren unterbewusste Schablonen wie folgt lauteten: „Immer genau am 13. Tag, nachdem ich beschlossen habe, mit dem Rauchen aufzuhören, beginne ich wieder, weil das Verlangen unausweichlich groß wird", oder „Ich kann wunderbar einschlafen, aber immer von Dienstag auf Mittwoch habe ich Schlafstörungen", bis hin zu tieferschürfenden Schablonen wie „Immer dann, wenn ich für einen Mann mein Herz öffne, werde ich zutiefst verletzt" oder „Immer dann, wenn im Job alles bestens läuft, läuft es dafür in der Beziehung umso schlechter". All dies sind Pauschalisierungen. Es sind Schablonen. Schablonen, die unser Unterbewusstsein aufgrund entsprechender Erfahrungen geschaffen hat und die uns Sicherheit zu geben scheinen, aber in Wirklichkeit gerade das Gegenteil bewirken, weil wir den Schablonen ständig recht geben müssen, obwohl sie im Grunde mehrheitlich gar nicht recht hätten.

Sobald wir also den Verdacht hegen, dass wir uns soeben selber hypnotisieren, ist es durchaus eine sinnvolle Maßnahme, zu erkennen zu versuchen, inwiefern die eigene Schablone eben nicht stimmen könnte. Und haben wir all die Argumente gefunden, die uns das Gegenteil beweisen, so sollten wir unserem Unterbewusstsein etwas unter die Arme greifen und uns bewusst vermehrt aufzeigen, dass das Gegenteil der eigentlichen Schablone ebenso wahr sein kann.

Und das Gegenteil von dem, was sich unangenehm anfühlt, ist folglich das, was sich angenehm und positiv anfühlt. Das Gute. Das Schöne. Das, was unser Leben uns ebenso und meist in viel stärkerem Maße ermöglicht, als es uns bewusst zu sein scheint.

Je häufiger wir unserem Unterbewusstsein aufzeigen, dass die von ihm erstellte Schablone keineswegs stimmt, sondern dass sie völlig veraltet ist und widerrufen wird, desto eher stellt sich bei uns die Gelassenheit ein. Die Ruhe in uns, die uns erlaubt, fröhlich zu sein. Die Ruhe in uns, die uns erlaubt, das Leben auch in all seinen positiven Facetten genießen zu dürfen und vermeintliche Gefahren entlarven zu können.

Wer sich selbst wachrüttelt, hat doch viel mehr vom Leben, als wer in den eigenen Illusionen gefangen das Leben an sich vorbeiziehen lässt.

Anleitung: Auflösen von negativen Selbsthypnosen

Wer sich immer wieder aufgrund negativer Gedanken, Sorgen oder Ängste den Kopf zerbricht oder sich in unangenehme Gefühle hineinsteigert, könnte vermutlich in einer Art negativen Selbsthypnose sein. Diese manifestiert sich in von unserem Unterbewusstsein vorgefertigten Pauschalisierungen und Schablonen, die im Idealfall durch folgende Schritte aufgelöst werden können:

Erklärung am Fallbeispiel: „Mein Partner verletzte mich durch seine ignorante Art, mir und meinen Sorgen keine Beachtung zu schenken. Immer dann, wenn ich für einen Mann mein Herz öffne, werde ich von ihm zutiefst verletzt."

1. **Negative Selbsthypnose erkennen**
Um eine negative Selbsthypnose auflösen zu können, müssen wir diese zunächst erkennen. Dafür orientieren wir uns an zwei besonderen Eigenschaften negativer Selbsthypnosen:

– **Prägendes in der Vergangenheit:** Negative Selbsthypnosen bergen zusammenfassende „Grundsätze" in sich, welche oftmals mit bereits frühen Prägungen einhergehen. Sind also entsprechend negative Ereignisse schon in der Vergangenheit so vorgekommen, so könnte die Selbsthypnose eine Folgewirkung dieser negativen Ereignisse sein.
Bsp.: „Schon früher in der Schule und während der Ausbildung war es so, dass man mich dann ausnutzte, wenn ich anderen helfen wollte. Borgte ich zum Beispiel jemandem aus Mitleid Geld, bekam ich es nie mehr zurück. Man verletzte mich dann, wenn ich besonders gefühlvoll war."

– **Grundsatz:** Negative Selbsthypnosen werden oftmals in Form von globalen Schablonen und Grundsätzen geäußert. Liegt ein solcher Grundsatz vor? Meist kommen dabei Worte wie „immer" oder „nie" drin vor.
Bsp.: „Immer dann, wenn ich für einen Mann mein Herz öffne, werde ich zutiefst verletzt", wobei der herleitende Grundsatz wohl lautet „Immer dann, wenn ich mich verletzbar mache, werde ich auch verletzt".

2. **Die negative Selbsthypnose widerlegen**
Wir widerlegen für unser Unterbewusstsein, aber auch für unser Bewusstsein die hergestellten Schablonen, indem wir uns selbst aufzeigen, dass diese nicht stimmen. Wir zeigen uns auf, dass das Gegenteil der jeweili-

gen Grundsätze ebenso richtig sein kann. Dies tun wir in zwei Schritten:

– Schablone in der Vergangenheit widerlegen:
Rückblickend schauen wir uns vergangene Ereignisse an und können diese aufgrund der Tatsache, dass wir nicht mehr in den entsprechenden Situationen sind, viel distanzierter betrachten. Dies ermöglicht es uns, viel leichter in den jeweiligen, damals erlebten Situationen zu erkennen, dass auch das Gegenteil der jeweiligen Schablonen hätte wahr sein können.

Bsp.: „Ich erinnere mich an einen Mitschüler, dem ich Geld borgte, der mir aber mal beim Lernen des Schulstoffes half, als ich hilflos war, weil ich den Unterrichtsstoff nicht verstand. Folglich half man mir, obschon ich mich durch meinen Hilferuf verletzlich machte.
Und ich kann mich an einen Ex-Partner erinnern, der mir, als ich von meiner besten Freundin hintergangen wurde, dabei half, wieder Boden unter den Füßen zu fassen. Man half mir also auch dann, wenn ich meine tiefsten Ängste, Sorgen und Gefühle offenbarte.“

– Dieselbe Schablone im Hier und Jetzt widerlegen:
Vergleichen wir den vergangenen Moment mit der Gegenwart, so erkennen wir durch die Parallelen und durch die Möglichkeit der Widerlegung, dass dieselbe Schablone auch in der Gegenwart nicht wahr sein muss. Dadurch sehen wir ein, dass das Gegenteil von dem, was uns die Schablone suggerieren möchte, ebenso wahr sein kann.

Bsp.: „Mein Partner verletzt mich folglich nicht durch seine ignorante Art, sondern möchte mir dadurch helfen,

weil er mir den Raum für mich selbst geben will, den ich
brauche, um meine Sorgen verdauen zu können. Es ist
seine Art, mir zu helfen. Und würde ich ihn um Hilfe
bitten, so würde er mir Mut und Zuversicht zusprechen.
Wenn ich also mein Herz öffne, hilft man mir – wie auch
mein Partner mir hilft, indem er mir den Raum gibt, den
ich brauche."

Wer sein Unterbewusstsein auch vom Gegenteil überzeugen kann, wird dadurch die negative Schablone beiseitelegen können und die Vorzüge der Freiheit von negativen Grundsätzen genießen können. Und wer die Worte „*immer*" und „*nie*" aus von negativen Gefühlen geprägten Sätzen streicht, wird erkennen, wie wunderbar das Leben so ganz relativ sein kann.

Herz-Bauch-Kopf

Wir befinden uns in einem Zeitalter, in dem unser Verstand eine regelrechte Revolution erfahren hat. Eine Zeit, in der wir mit Hilfe des Verstandes lernten, zu fliegen, Krankheiten medizinisch zu heilen und förmlich technische Wunder zu bewirken. Nichts scheint unmöglich.

Je mehr Fragen wir mit unserem Verstand klären, umso mehr Fragen tauchen auf, von denen wir in unserer Unwissenheit kapitulieren müssen. Fragen, für die es, um sie zu beantworten, Erkenntnisse braucht, denen wir noch nicht gewachsen zu sein scheinen. Je größer unser Wissen wird, desto größer wird unser Unwissen. Dieses Unwissen lässt viel Raum für Wissen, welches wir nicht explizit herleiten können, jedoch in uns tragen und in uns fühlen. Unser Bauchgefühl macht sich bemerkbar. Unser Bauch, der mit einer Instanz unseres Geistes zu vergleichen ist, die sich nicht der klassischen Vernunft bedient, sondern die nur fühlen, aber nicht beweisen kann. So etablierte sich das Bauchgefühl zu einem zuverlässigen Instrument. Selbst diese Zuverlässigkeit versucht der Mensch mit der Vernunft zu erklären, so mitunter in modernsten Untersuchungen aus dem Neuromarketing, wo evaluiert wurde, ein wie hoher Anteil der Informationen, welche Menschen durch Plakate, Fernsehspots und dergleichen wahrnehmen, auf bewusster Ebene verarbeitet wird und welcher Anteil der Informationsverarbeitung unbewusst erfolgt.

Wir nehmen an, dass das Unterbewusstsein ein Vielfaches von dem verarbeitet, was das Bewusstsein in derselben Zeit zu verarbeiten vermag. Das Unterbewusstsein beherrscht die Fähigkeit alle vorliegenden Informationen in höchster Geschwindigkeit auszuwerten und eine pauschale Antwort – sozusagen einen Durchschnittswert aller wahrgenommenen Inhalte – zu liefern. Dieser Prozess der Ermittlung des Durchschnittswertes, der Prozess dieser Bewertung, ist gar oft sehr zuverlässig und kann nur selten in seiner Komplexität erklärt werden. Deshalb bin ich der Meinung, dass das Bauchgefühl eine sehr sichere und zuverlässige Quelle ist und der Bauch als das zuverlässigste Sinnesorgan überhaupt zu verstehen ist. Ich bin auch der Meinung, dass wir Menschen gar zu oft auf den Kopf und nicht auf den Bauch hören. Zugleich jedoch ersehe ich den Bauch als das absolut unzuverlässigste Sinnesorgan überhaupt – nämlich genau dort, wo der Bauch geprägt wurde. In den Bereichen, in welchen unser Unterbewusstsein Verletzungen und immer noch vorhandene Narben in sich trägt. Narben, welche jegliche Annahmen verfälschen. Es ist beinahe so, als würde ein Mensch zu lange direkt in die Sonne schauen und aufgrund der intensiven Lichteinstrahlung eine Verbrennung mit anschließender Vernarbung auf der Netzhaut erleiden. Ein solcher Mensch hat meist ein Leben lang einen sogenannten „blinden Fleck" in seinem Sichtfeld. Nämlich genau an der Stelle auf der Netzhaut, die von der zu intensiven Lichteinstrahlung verletzt wurde. Ein Mensch, der sich aufgrund einer tiefen Verletzung in einem bestimmten Bereich auf sein Bauchgefühl verlässt, ist vergleichbar mit dem Menschen, der im Spektrum seines blinden Fleckes mehr sehen möchte als im restlichen, unversehrten Sichtfeld.

Negative Prägungen lösen in den meisten Fällen schützende Mechanismen aus. Diese schützenden Mechanismen sollen uns davor bewahren, dass uns etwas ähnlich Negatives erneut widerfahren könnte. Als diese schützenden Mechanismen sind Vorurteile, pauschale Grundsätze, Pessimismus, Misstrauen und eine Vielzahl weiterer, vermeintlich schützender Dimge zu verstehen.

In den meisten Fällen wird eine Art „Schein-Kopf" beziehungsweise eine Art „Schein-Vernunft" dann beigezogen, wenn sich ein Bauchgefühl wieder zu bewahrheiten scheint. Immer dann, wenn wir glauben, unser Bauchgefühl ließe uns etwas spüren, wir aber in Wirklichkeit genau in der betreffenden Thematik geprägt sind, wird die vermeintliche Vernunft eingesetzt, welche abschließend überprüfen soll, ob wirklich stimmt, was der Bauch uns zu sagen hat. In den meisten Fällen gelingt es dann dem Kopf, dem Bauch die Tatsachen zu bestätigen, die der Bauch bereits vermutete. Was wir jedoch leider in solchen Momenten oft nicht wahrhaben wollen, ist, dass der Kopf in solchen Fällen vermehrt unter dem Regime des Bauches handelt. Der Kopf ist dem Bauch beinahe hörig, er ist wie betäubt und will dem Bauch das bestätigen, was dieser schon längst zu wissen glaubt.

Ein mögliches Beispiel hierfür könnte folgendes sein: Eine Frau zählt bereits längere Beziehungen zu ihrem Erfahrungsschatz, in welchen sie leider ohne Ausnahme mit Männern liiert war, die sie bewusst belogen haben. Diese länger anhaltenden Lügen führten über kurz oder lang zur Beendigung der Beziehungen. Als die Frau Jahre nach all den negativen Erfahrungen einen Mann kennenlernt und letztendlich eine Beziehung mit ihm eingeht, kommt ihre tief sitzende Angst in ihr auf, sie könnte erneut belogen werden. Da sie bereits in einer Form negativer Selbsthypnose ist und sie ihre Aufmerksamkeit vermehrt nur noch auf mögliche Unwahrheiten richtet, entwi-

ckelt sie das Gefühl, dass sie durch gezielte Fragen ihrer Angst, wieder belogen zu werden, vorbeugen könnte. So beginnt sie, ihren Partner gewisse Dinge zu fragen – nach bestimmten, potenziellen Geheimnissen zu suchen –, bis sie auf einmal mit ihm im Gespräch auf einen Inhalt oder auf eine Tatsache stößt, die er ihr bisher noch nicht gesagt oder erzählt hat. Da sie ihrem Bauchgefühl, das ihr sagt, dass sie gerade wieder belogen werde, zu glauben scheint, bestätigt ihr der eigene Kopf mit vermeintlicher Vernunft, dass das Nicht-Sagen eines Inhaltes mit einer Lüge gleichzusetzen ist. Diese „Erkenntnis" ihres Kopfes bestätigt ihr Bauchgefühl, dass man sie schon wieder in einer Beziehung durch eine bewusste Lüge enttäuscht. Was sie jedoch in diesem Fall nicht einsehen will, ist, dass ihr Partner ihr jenen Inhalt wirklich nicht bewusst vorenthalten wollte, aber einfach bis dato noch nie bewusst darüber nachgedacht hat, sodass es auch nie zur entsprechenden Aussprache kommen konnte. So verlässt sich jene Frau auf ihr Bauchgefühl, das glaubt Lügen entdeckt zu haben. Dies weil es in der Vergangenheit diesbezüglich verletzt wurde. Und das „Bauchgefühl" der Frau in Wirklichkeit ein schützender Mechanismus ihres Unterbewusstseins ist.

Auch wenn wir wirklich davon ausgehen dürfen, dass das Bauchgefühl sehr zuverlässig ist, so müssen wir uns eingestehen, dass das Bauchgefühl genau dann sehr unzuverlässig ist, wenn wir in entscheidender Hinsicht geprägt wurden. Dann, wenn wir in der Thematik, in der der Bauch fühlen sollte, in der Vergangenheit Prägungen einstecken mussten.

Dadurch, dass wir mithilfe eines „Schein-Verstandes" dem „Schein-Bauchgefühl" recht zu geben versuchen, bekräftigen wir es, sodass es wiederum der aus Prägungen resultierenden negativen Selbsthypnose recht zu geben versucht. Dieses

„Schein-Bauchgefühl" kann jedoch keine objektivere Perspektive wahrnehmen.

Menschen, die schon mal Lotto gespielt haben, kennen dieses Phänomen: Im Vorfeld tippen wir auf verschiedene Zahlen. Meist rein intuitiv. Eben aus dem Bauch heraus. Im Anschluss vergleichen wir die Lottozahlen aus der Ziehung mit denen, die wir intuitiv gewählt haben, und können beispielsweise zu unserem Erfreuen feststellen, dass zwei Zahlen übereinstimmen. Die 14 und die 36. Wir bedauern dann sehr, dass alle restlichen Zahlen nicht übereinstimmen – jedoch geben wir uns in diesem Moment die Bestätigung, dass unser Bauchgefühl bei der 14 und der 36 genau richtig lag. Wir verlassen uns dann ausschließlich auf den Erfolg des Bauchgefühls, vergessen aber, dass es bei den meisten Zahlen nicht zuverlässig war – teils sogar weit von den in Wirklichkeit gezogenen Zahlen entfernt war.

Wir tendieren also dazu, unserem Bauchgefühl vermehrt dort Beachtung zu schenken, wo es auch richtig lag – es zu loben, zu streicheln und zu belohnen, weil es richtig lag. Und wir neigen gleichzeitig dazu, den Fehleinschätzungen, ungerechtfertigten Vorurteilen und Pauschalisierungen, die unser Bauchgefühl projiziert, möglichst keine Beachtung zu schenken oder diese so sehr auszublenden, dass sie förmlich in Vergessenheit geraten.

Überall dort, wo sich herausstellt, dass das Bauchgefühl falsch lag, überall dort geben wir diesem falschen Bauchgefühl keine Gewichtung. Wir sprechen uns selbst zu, dass das falsche Bauchgefühl eine Art „Ausnahme" oder „Flüchtigkeitsfehler" gewesen sein muss.

Häufig kommt das Bauchgefühl in unangenehmen Angelegenheiten in Verbindung mit negativen Selbsthypnosen einher.

Das heißt, weil wir bereits gewisse Prägungen mit uns bringen, richten wir unseren Fokus auf eine Prophezeiung, die unser Bauch uns gibt und die sich tatsächlich selbst erfüllt. Sobald sich die Prophezeiung selbst erfüllt, geben wir dann wieder unserem Bauchgefühl recht – meist leider zu Unrecht.

Ein Beispiel hierfür ist das eines ängstlichen Flugpassagiers: Ein Mann flog beruflich einen Kurzstreckenflug, als der Flieger eine Notlandung vornehmen musste, die mit heftigen Erschütterungen und Panik der Passagiere einherging. Als derselbe Mann Jahre später wieder fliegt, achtet sein Bauchgefühl auf mögliche, sich wiederholende, negative Vorfälle, welche darauf hindeuten könnten, dass auch dieser Flieger wieder ein „Unglücksflieger" ist. Begonnen hat dies bereits mit der Tatsache, dass der Mann am Morgen des Abflugs verschlief. Da hatte sein Bauchgefühl bereits das Signal gegeben, dass die Tatsache, dass er verschlafen hat, als mögliches Zeichen des Schicksals zu deuten sein könnte. Ein unangenehmes Gefühl wird initiiert.

Danach verpasste er den ursprünglich geplanten Zug, der ihn direkt zum Flughafen hätte bringen sollen. Auch dies scheint ein Zeichen des Schicksals zu sein. Das negative Gefühl wird verstärkt.

Aufgrund des verpassten Zuges bleibt ihm nur wenig Zeit für das Check-In und die Gepäckkontrolle. Als er letztendlich doch noch pünktlich zum Boarding am entsprechenden Gate steht, vernimmt er auf dem Informationsmonitor, dass das Boarding dreißig Minuten verspätet stattfinden wird. Hier verstärken sich seine pessimistischen Gedanken noch. Gedanken kommen auf, wie der, ob der Flieger wohl technische Probleme habe, aufgrund welchen es Verspätungen gebe. Sein negatives Gefühl scheint auf einmal derart intensiv zu wer-

den, dass sich der Mann überlegt, doch auf den Flug zu verzichten.

Als die Passagiere dann letztendlich an Bord der Maschine gehen können, achtet der Mann ganz besonders auf den Gesichtsausdruck der Flugbegleiter, mit der Erwartung an sich selbst, eine mögliche Angst aus ihren Gesichtern lesen zu können. Eine mögliche Angst, die deshalb da wäre, weil die Flugbegleiter als einzige von möglichen technischen Schwierigkeiten wüssten. Der Mann meint im Gesichtsausdruck der Flugbegleiter eine mögliche Angst erkannt zu haben, was sein negatives Gefühl nochmals verstärkt.

Als die Maschine dann mit erheblicher Verspätung starten kann und über den Wolken auf einmal die Aufforderung seitens des Piloten kommt, den Flug über doch besser angeschnallt zu bleiben, gelangt der Mann auf einmal so tief in sein pessimistisches Bauchgefühl, dass sein Puls erheblich steigt, sein Blutdruck steigt. Er beginnt zu zittern und bekommt schweißige Hände. Sein Hals fühlt sich wie zugeschnürt an, so, als würde er beinahe keine Luft mehr bekommen.

Als dann etwas intensivere Turbulenzen aufkommen, scheint sich die Prophezeiung seines Bauchgefühls zu bestätigen und der Mann gerät in Panik, bis ihn die Flugbegleiter betreuen und beruhigen müssen.

Als der Pilot sich für die unangenehmen Turbulenzen entschuldigt, wird das Bauchgefühl darin bestätigt, dass der Flug kein astreiner, fehlerfreier Flug gewesen zu sein scheint, sondern in der Tat irgendetwas nicht wie vorgesehen verlaufen sein muss.

Der Pilot hingegen würde den Flug vielleicht als angenehm bewerten – er ist jedoch auch nicht im selben Maße geprägt wie der ängstliche Passagier dies ist.

Wenn wir folglich unserem falsch liegenden Bauchgefühl genügend Beachtung schenken, so können wir die uns selbst suggerierte Prophezeiung auch dann wahr werden lassen, wenn in Wirklichkeit sehr wenige bis keine Argumente dafür sprechen würden. Doch der geprägte Mensch sucht sich seine Argumente, die seine Prophezeiung erfüllen, selbst. Wir sammeln förmlich die Argumente, die unsere Prophezeiung des negativen Ausgangs als wahr erklären könnten. Wie im Beispiel des Mannes, der unter Flugangst leidet und sich einredet, sein Flug ende in einer Katastrophe. Jedes Argument, das seinen prophezeiten, negativen Ausgang bestätigen könnte, verstärkt seine negativen Gefühlswahrnehmungen sowie seine Angst.

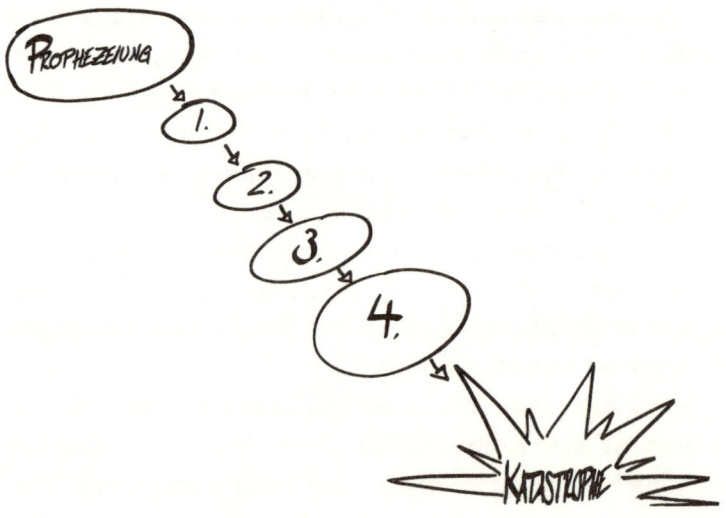

Denn in der Tat ist es ein Gefühl des Erfolges und ein Gefühl der Verlässlichkeit, wenn wir unserem Bauchgefühl recht geben können.

Selbstverständlich gilt es jedoch zu beachten, dass unser Bauch das absolut zuverlässigste Sinnesorgan überhaupt sein kann. Dies ist auch mehrheitlich so. Viele Menschen werden zum Beispiel ein Leben lang kein einziges, bedeutendes Mal vom eigenen Bauchgefühl enttäuscht. Und zwar meist deshalb, weil dort, wo der Bauch zu bewerten vermochte, keine tiefen Prägungen saßen. Der Bauch kann das absolut vertrauenswürdigste Organ überhaupt sein – jedoch nur dann, wenn wir keine zu tiefen Narben in dem Bereich in uns tragen, in dem das Bauchgefühl für uns spüren und korrekt wahrnehmen soll.

Es ist die Balance zwischen Kopf, Bauch und Herz, die es ausmacht. Es ist der Kopf, der dem Bauch wie eine elterliche, vernünftige Instanz aufzeigen kann, dass er sich gerade in etwas hineinsteigert. Und es ist der Bauch, der dann dem Kopf behilflich sein kann, wenn dieser keinen Entschluss fassen kann. Und es ist das Herz, das den Zweikampf zwischen Kopf und Bauch zu schlichten vermag und den Fokus auf das Wesentliche zu richten weiß.

Wir wurden nicht nur mit einem Bauch geboren, sondern auch mit einem Kopf und mit einem Herz. Jede dieser drei Komponenten hat dieselbe Wertschätzung verdient. Alle diese drei Komponenten sind auch gleich alt – und haben allesamt wunderbare Stärken und Vorteile.

So kann es durchaus auch in manchen Situationen sinnvoller sein, dem Kopf und dem Herz ebenso die Beachtung zu schenken, die sie verdient haben – nicht zuletzt um dem geprägten und teils verletzten Bauch unter die Arme zu greifen. Um dem verletzten Bauch aufzuzeigen, dass er sich keine unnötigen Sorgen zu machen braucht. Ihn trösten zu können und ihm auch die „Bauch-Gespenster" austreiben zu können, die rein illusionär sind und nicht der Wahrheit entsprechen.

Es ist die Zusammenarbeit des Herzens, des Kopfes und des Bauches – die Nutzung all unserer Ressourcen –, die uns von irrealen, negativen Energien löst.

Fühle mit dem Herzen.

Denke mit dem Verstand.

Und ahne mit dem Bauch.

Gekochtes Vanilleeis

„Du bist ein Schlitzohr." Diese Worte können uns kaum beeinflussen. Dies liegt daran, weil wir ab einem gewissen Alter die Fähigkeit haben, Aussagen, die auf uns treffen, kritisch zu hinterfragen. Diese Fähigkeit, gewisse Aussagen kritisch zu hinterfragen, um uns davon nicht beeinflussen zu lassen, können wir erst dann zu unseren Fähigkeiten zählen, sobald wir genügend Erfahrungen gesammelt haben, um den Aussagen widersprechen zu können. Da wir alle bereits viele Male mit Aussagen konfrontiert wurden, denen wir keinen oder nur wenig Glauben geschenkt haben, stellt diese Fähigkeit für uns eine Selbstverständlichkeit dar. Dabei wird gerne vergessen, dass die Fähigkeit, nicht alles zu glauben, was man uns glauben machen will, erlernt werden muss. Wir müssen folglich nicht nur lernen zu glauben. Sondern auch lernen nicht zu glauben. So überschätzen wir oftmals Kinder in der Fähigkeit, die Suggestionen von Erwachsenen kritisch zu hinterfragen.

Wenn wir uns an unsere eigene Kindheit erinnern und daran, wie die Erwachsenen auf uns gewirkt haben, so waren es die Erwachsenen, die wussten, was wahr ist. Es waren die Erwachsenen, denen man förmlich blind vertrauen musste. Und es waren die Erwachsenen, die wussten, was für uns gut war.

Aussagen von Erwachsenen waren von Grund auf wahrer als Aussagen von Gleichaltrigen. Was die Erwachsenen sagten, musste ja wohl stimmen. Schließlich waren sie ja schon um einiges länger auf diesem Planeten als wir Neulinge.

Wenn der Lehrer seinem Drittklassschüler sagt, dass Mathematik wohl nichts für ihn sei, so wird der Lehrer aus Sicht des Schülers damit wohl recht haben. Schließlich geht ja der Schüler zur Schule, um dort von den Lehrern zu lernen, was die Welt uns zu sagen hat. Um in der Schule die Objektivität des Lebens zu lernen. Und wenn der Mensch, der über all die Objektivität und Wahrheiten besser Bescheid weiß als alle Schüler und sogar mehr als manche Eltern, so muss der Drittklassschüler wohl seinem Lehrer glauben. Für den Schüler ist der Fall nun also klar: keine Mathematik. Immer wenn auf irgendeinem Dokument „Mathematik" geschrieben steht, fehlt dem Schüler jegliche Fähigkeit – schließlich hatte dies der Lehrer ja gesagt. Dieser Schüler wird wohl kaum mehr Energie in das Lernen von mathematischen Grundprinzipien investieren. Schließlich soll es ihm ja sowieso nichts nützen. So wird der Schüler in Mathematik aufgrund der mangelnden Initiative auch weiterhin nur noch schlechte Bewertungen erhalten. Der Schüler wird sich dann wenige Jahre später, wenn schon die Frage nach der möglichen Berufswahl aufkommt, selbst die Autosuggestion geben, dass er bestimmt nur das machen möchte, was keine Berührungsflächen mit Mathematik hat. Schließlich möchte er ja in seinem Beruf gut sein und darin auch glücklich werden können.

Wenn wir uns diese mögliche Auswirkung einer einzigen Aussage ansehen, so erkennen wir, dass an Kinder gerichtete Aussagen besonders sorgfältig formuliert werden müssen – da Kinder grundsätzlich bei Erwachsenen weniger kritisch hinterfragen.

Der Drittklassschüler hätte wohl die Suggestion seines Lehrers kritisch hinterfragen können, hätte dessen Vater diesen Lehrer in Anwesenheit seines Sohnes als inkompetent bewertet. Denn weil die Verbindung und das Vertrauen zum Vater natürlich tiefer ist, kann dadurch die Aussage eines Menschen, den selbst der eigene Vater bemängelt, am Kind abprallen.

Eine andere Möglichkeit, negative Aussagen für Kinder unschädlich zu machen, ist die, dass man die bereits gefallenen Aussagen mit neuen Aussagen neutralisiert. So könnte im vorangegangenen Beispiel die Mutter oder der Vater dem Schüler aufzeigen, dass er im Grunde sehr verbunden mit der Mathematik ist, da er ja auch leidenschaftlicher Musiker ist und Musiker bekanntlich mehrheitlich mathematisch begabt sind. Dass er bereits wusste, was eine Viertelnote und eine Achtelnote ist, noch bevor Gleichaltrige überhaupt wussten, was ein Viertel oder Achtel ist. Dadurch kann dem Kind aufgezeigt werden, dass es eigentlich mathematisch noch begabter und affiner ist als seine Mitschüler.

Durch solche entscheidend positive Aussagen ist es möglich, den Schüler in seiner gesamten Entwicklung positiv zu beeinflussen. Andernfalls läuft er Gefahr der negativen Äußerung viel zu viel Glauben zu schenken und sich dadurch in die Rolle des Menschen zu begeben, der eben beispielsweise keine Fähigkeiten in Mathematik hat.

So kann selbst schon eine Aussage wie „Du bist ein Schlitzohr" prägend sein für das Kind. Nämlich insofern prägend, als diese eine Aussage das Kind in die Rolle des Schlitzohres versetzt – und das, obschon das Kind dies eigentlich gar nicht möchte. Wenn das Kind bereits weiß, was ein Schlitzohr ist, so kann die bisherige Assoziation des Schlitzohrs das Kind beeinflussen. Nehmen wir also mal an, die Mutter oder der Vater sagt dem eigenen Sohn, er sei ein Schlitzohr, nur weil er etwas Unübliches getan hat. Und nehmen wir an, dass dasselbe

Wort von der Mutter oder vom Vater wenige Wochen oder Monate zuvor in Anwesenheit des Kindes fiel, als sie über einen Gauner sprachen, der im Fernsehen kam. So besteht die Gefahr, dass das Kind mit dem Wort „Schlitzohr" genau diese Erfahrung des im Fernsehen gesehenen Gauners damit assoziiert und sich unbewusst oder bewusst mit jenem Gauner vergleicht, der Gesetze brach und sämtliche Verbote überschritt.

Geschieht dies nun in einer bestimmten Intensität oder Frequenz, so besteht die Gefahr, dass sich dieser Junge in die Rolle des „Schlitzohrs", oder anders gesagt in die Rolle des Gauners versetzt, der Gesetze bricht und Verbote ignoriert. Der Junge läuft Gefahr, sich ganz unbewusst in eine Rolle zu begeben, in der er eigentlich nicht sein möchte.

Die Fähigkeit von uns Menschen, sich in verschiedene Rollen begeben zu können, ist ein fantastisches Phänomen der Natur, das uns auch das Überleben sicherte. Standen wir als Ureinwohner vor einem bedrohlichen Tier, so mussten wir uns in die Rolle des angstfreien, starken Menschen versetzten. Waren wir jedoch einer anderen, drohenden Gefahr bereits im Voraus unterlegen, so mussten wir uns als ungefährlichen, vertrauenswürdigen Genossen verkaufen, damit wir unversehrt blieben und überleben konnten. Dieses Phänomen der verschiedenen Rollen, kennt wohl jedes Lebewesen unserer Natur. Beobachten wir beispielsweise den Hund, so erkennen wir, dass ein und derselbe Hund völlig unterschiedliche Rollen einnehmen kann. So kann sich ein Hund beispielsweise immer dann, wenn jemand zur geschlossenen Haustür in sein Revier eindringen möchte, in eine dominante Rolle begeben – in eine Rolle, in der er sich sehr stark, selbstsicher und mächtig fühlt. In diesem Augenblick kennt er keine Angst. Er bellt, geht in

Angriffsposition und macht sich auf alles gefasst. Derselbe Hund kann jedoch nur wenige Minuten später neben dem Küchentisch sitzen und um das Essen betteln, das auf dem Tisch liegt. In dieser Rolle kann er sich sehr unterwürfig verhalten. Er macht „Sitz", hebt auf Befehl seine Pfote und erfüllt jeden Wunsch der Gastgeber, nur, damit er einen Happen abbekommt. Dieser Hund ist derselbe Hund wie der, der den Eindringling verscheuchen möchte, nur mit der Abweichung, dass er sich in einer anderen Rolle befindet. Die Rollen stehen immer im Zusammenhang zu dem, was geschieht, und zu dem, was das Tier oder den Menschen umgibt. Würde man also dem Hund, der sich in der Rolle des Wachhundes befindet, einen Happen vom Esstisch anbieten, so würde er diesen sogar ablehnen, weil das Essen nicht mit der Rolle des Wachhundes korrespondiert.

Diese verschiedenen Rollenbesetzungen können wir auch auf die Katze übertragen. Die Katze, die draußen auf der Lauer ist und eine Maus im Visier hat, in geduckter Stellung ist und mit ihrem Schwanz hinten ausschlägt, ist in der Rolle der Jägerin. Befindet sie sich in dieser Rolle, könnte man ein Schälchen mit Katzenfutter vor sie hinstellen – das würde sie kaum interessieren. Die Katze in der Rolle der Jägerin möchte jagen und nicht ihr Essen fix und fertig serviert bekommen. Auch diese Katze kann die Rolle binnen weniger Minuten ändern. Wenn sie es sich nämlich auf dem Schoß ihrer Besitzerin bequem macht und schmusen möchte, so befindet sie sich in der Rolle der Schmusekatze. Die Rolle der Schmusekatze hat den Hauptfokus auf dem Schmusen. Und selbst wenn vor dem Fenster viele attraktive Vögel umherfliegen, so interessiert dies die Schmusekatze wohl kaum. Schließlich ist die Aufgabe der Schmusekatze auch nicht das Jagen, sondern das Schmusen.

Übertragen wir diese täglichen Rollenwechsel auf sämtliche Lebewesen unserer Natur, so erkennen wir, dass kaum ein Lebewesen auf Dauer in derselben Rolle verweilen kann. Jeder Baum, jedes Blatt, jeder Fisch, jeder Vogel, jeder Mensch. Wir alle haben im Laufe unseres Lebens unterschiedliche Rollen, die wir einnehmen dürfen. Diese Rollen können von unterschiedlichen Lebensphasen abhängig sein. Sie können jedoch auch unmittelbar dann variieren, sobald nur ein anderer Mensch in der Nähe ist, der die eigene Rolle beeinflusst. Werden wir beispielsweise von einem Menschen kritisiert, sehen wir uns in einer anderen Rolle, als wenn wir Komplimente genießen dürfen. Diese Rollenverschiebungen können im Laufe eines einzigen Tages Dutzende Male stattfinden. Aus systemtheoretischer Sicht gehen wir auch davon aus, dass jeder Mensch innerhalb eines Systems verschiedene Rollen einnehmen kann – jedoch gewisse „Hauptrollen" in einem System oftmals etwas präsenter sind. Als Systeme betrachten wir Gruppen, Schulklassen, Familien, aber auch Liebesbeziehungen oder die Kommunikation mit sich selbst. Im Grunde kann man von dem Moment an von einem System sprechen, sobald eine Kommunikation stattfinden kann.

Begibt sich folglich zum Beispiel ein Schüler im System der Schulklasse in die Rolle des Klassenclowns, so wird er wahrscheinlich vermehrt die Aufgabe in sich erkennen, innerhalb der Klasse für gute Stimmung zu sorgen. Derselbe Schüler kann jedoch ganz klar seine Rolle in einem bestimmten Fach ändern. So kann derselbe Schüler beispielsweise im Sportunterricht die klassenbeste Leistung vollbringen und dort als Musterschüler brillieren, der den Sportwettkampf sehr ernst nimmt. Ein Klassenclown kann folglich auch ein ernsthafter Musterschüler sein.

Auch innerhalb von Familien nehmen die einzelnen Familienmitglieder unterschiedliche Rollen ein, wobei es oftmals gewisse „Hauptrollen" gibt. Diese „Hauptrollen" können sich jedoch im Laufe der Zeit grundlegend ändern.

Von Bedeutung ist, dass wir im Laufe unseres Lebens unsere Rollen so einnehmen dürfen, wie wir dies möchten, und wir nicht ungewollt in gewisse Rollen versetzt werden. Denn geistig, wie jedoch unter Umständen auch körperlich ungesund wird es dann, wenn wir in bestimmten Rollen nur Teil des Systems sein dürfen.

So zählte ich Frauen und Mädchen zu meinen Klientinnen, die unter starker Magersucht litten. Diese Frauen haben nicht bewusst die Rolle des magersüchtigen Menschen gewählt, sondern gelangten ganz ungewollt in diesen ungesunden Bezug zum Essen. Es gibt viele verschiedene Gründe und Ursachen, welche eine Magersucht begünstigen können – doch wir wissen auch, dass ein systemtheoretischer Ansatz oftmals einen Gedanken wert sein kann. Beobachten wir nämlich eine mögliche Geschichte einer solchen Klientin, so finden wir heraus, dass sie sich förmlich dazu verpflichtet sieht, krank zu sein, um überhaupt noch existieren zu dürfen. Die Krankheit wird somit zur Voraussetzung für die eigene Existenz. Beispielsweise für ein kleines Mädchen, das ständig miterleben muss, wie Papi und Mami streiten, und das erkennt, dass das System der Familie auseinanderzubrechen droht. Doch als das Mädchen den eigenen Kopf anstieß, als Papi und Mami am Streiten waren, war das System gerettet. Denn auf einmal rannten Papi und Mami zu dem Mädchen, sorgten sich gemeinsam um sie. Während Mami die Schwellung mit einem kühlenden Lappen zu lindern versuchte, sorgte Papi dafür, dass sich das Mädchen bequem hinlegen konnte. Das Mädchen lernt folglich, dass das System dann gerettet ist und die Familie in Frieden und Harmonie leben kann, solange sie als Teil der Familie krank ist. Das Mädchen lernt, dass solange sie krank ist, Papi und Mami deutlich weniger streiten. So wirken die Worte von Mami „Du solltest unbedingt etwas essen, um wieder gesund zu werden" förmlich bedrohlich auf das nun so harmonische System der Familie. Denn nur solange sie krank ist, haben sich Papi und Mami auch lieb, weil sie dann auf einmal Zusammenhalt und Zuversicht zeigen. Eigenschaften, die ihnen vorab in der Beziehung deutlich fehlten. Deshalb weigert sich das Mädchen im Weiteren zu essen und stellt fest, dass, wenn sie im Spitalbett liegt, Papi und Mami sogar Hand in Hand neben dem Spitalbett sitzen, sich küssen und trösten. Die Krankheit des Mädchens wird folglich existenziell. Das Mädchen schreibt sich selbst die Rolle des kranken Kindes zu und glaubt nur dann Harmonie und Liebe zu erfahren, solange sie auch krank bleibt.

Diese falsche Rolleneinnahme ist nicht die einzig mögliche Ursache für solche Fehlverhalten oder Krankheiten – jedoch eine sehr bedeutsame, für die es grundlegender Aufklärung bedarf.

Es ist die Natur, die von uns wünscht, dass wir unterschiedliche Rollen einnehmen – und es wird dann pathologisch, sobald wir diese Vielfalt unserer Rollen nicht mehr ausleben dürfen. Starke Menschen müssen auch Schwäche zeigen. Intelligente Menschen müssen auch Leichtsinnigkeit zeigen. Und ruhige Menschen müssen auch Temperament zeigen dürfen.

Wenn wir also innerhalb eines Systems bemerken, dass wir uns in einer Rolle befinden, in der wir uns nicht wohlfühlen, so dürfen wir diese Rolle unmittelbar ändern. Doch dafür bedarf es der Erkenntnis. Der Einsicht, dass wir uns in einer Rolle befinden, in der wir nicht sein möchten. Sollten wir dies bemerken, so müssen wir für uns selbst herausfinden, in welcher Rolle wir uns im betreffenden System am liebsten befinden möchten, in welcher Rolle wir uns am wohlsten fühlen würden. Haben wir für uns diese Rolle gefunden, so liegt es an uns, diese Rolle zu kommunizieren. Dafür hilft es, die eigene Kommunikation zu ändern. Von der Körperhaltung über die Mimik bis hin zur Gestik. Wir ändern unsere Art, wie wir uns ausdrücken, und passen diese dem „Ich" der Rolle an, in der wir uns gerne befinden möchten. Ähnlich wie ein Schauspieler, der in die Rolle eines Charakters schlüpft. So kann beispielsweise ein Mensch, der das Gefühl hat, von den Menschen innerhalb eines Systems als nicht ernsthafter, leichtsinniger Mensch gesehen zu werden, seine Kommunikation in diesem System grundlegend so ändern, dass er sich ganz ruhig und ernsthaft gibt, weil er eigentlich als ernsthafter, seriöser Gesprächspartner angesehen werden möchte. Er schlüpft in die Rolle des ernsthaften und seriösen Menschen. Deshalb ändert er seinen Blick in einen etwas ernsthafteren, fokussierteren. Er ändert sein Energieniveau während der Kommunikation in ein etwas ruhigeres und drückt sich seriöser und aufmerksamer aus.

Anschließend sollten wir unsere Rolle zur Festigung bewusst verbal kommunizieren. Sei dies auf direktem Wege, oder etwas verdeckt. So kann der Mensch, der gerne als seriöser, ernsthafter Gesprächspartner angesehen werden möchte, direkt kommunizieren: „Ich bin auch ein sehr ernsthafter Mensch, der viel Wert auf Seriosität legt." Er könnte aber auch in etwas verdeckter Weise im Gespräch ab und zu Floskeln einfließen lassen, wie „Ich sehe das auch so – die Seriosität ist ein Wert, der mir sehr wichtig ist", oder „In solchen Momenten kann auch ich sehr ernsthaft sein, das braucht es gelegentlich".

Tut dieser Mensch das mit einer Zuversicht und mit einer gewissen Konstanz, so wird er ganz von selbst diese neue Rolle einnehmen dürfen, weil auch die anderen Menschen, die Teil desselben Systems sind, diese Rolle anerkannt und akzeptiert haben werden.

Spannend ist hierbei, dass sich die Rollen aller anderen Menschen ebenfalls ändern, die Teil desselben Systems sind – und dies von dem Moment an, in welchem wir unsere eigene Rolle ändern.

Es wäre ja sehr schade, wenn wir, weil wir so süß sind wie Vanilleeis, in der Bratpfanne landen, obschon wir uns in einem wunderschönen, gekühlten Dessertbecher sehr viel wohler und attraktiver in unserer Rolle fühlen würden.

Anleitung: Rolle im System ändern

Wenn wir uns in der Rolle, in der wir uns situativ befinden, nicht wohlfühlen, so können wir allein durch das Ändern unserer Rolle im System (Familie, Arbeitsumfeld, Freunde, Beziehung etc.) die positiven Gefühle empfinden, die wir uns wünschen.

Hierfür gehen wir am besten wie folgt vor:

1. **Unerwünschte Rolle erkennen**
   Wir müssen erkennen, dass wir eine erlebte Rolle verlassen möchten.

2. **Wunsch-Rolle evaluieren**
   Wir sollten herausfinden, welche Eigenschaften die neue Rolle aufweisen soll, in der wir uns wohlfühlen würden.

3. **Die neue Rolle nonverbal kommunizieren**
   Wir sollten mit unserem nonverbalen, kommunikativen Spektrum zeigen, dass wir uns nun in unserer wirklich authentischen Rolle befinden, indem wir dies mittels Mimik, Blick, Gestik, Haltung, sowie allen erdenklichen nonverbalen Möglichkeiten kommunizieren.

4. **Rolle final verbal kommunizieren**
   Zur finalen Klarstellung, dass diese neue Rolle nun unsere eigene Persönlichkeit in ihrer Authentizität unterstreicht, kommunizieren wir unsere Rolle entweder auf direktem Wege oder etwas verdeckt.

Das heilende Mittel

Das Wort „Medikament" setzt sich aus dem lateinischen Wort „medicari" für „heilen" und dem Infix „-men-" für „Mittel" zusammen. Ein Medikament ist folglich ein Heilmittel. Im Grunde ist ein Medikament im ursprünglichen Verständnis etwas Wunderbares. Es beschreibt das zielgerichtete Verschmelzen mit der Natur, indem wir die Heilmittel, welche die Natur uns anbietet, nutzen, um uns selbst zu heilen und die Welt mit viel positiver Energie zu bereichern. Die Natur bot uns schon immer heilende Kräuter, Blumenextrakte, Sekrete und Früchte an, womit sie uns stets bedingungslos in unserem Heilungsprozess unterstützte.

Reflektieren wir jedoch über die Verwendung von Medikamenten in unserer Gesellschaft, so stellen wir fest, dass ein beträchtlicher Anteil unserer Gesellschaft Medikamente bloß einnimmt, um unangenehme Symptome zu lindern, die jedoch ganz woanders ihre Ursachen finden. Somit übergeben wir gar zu oft die gesamte Verantwortung für unsere Gesundheit den Medikamenten, die uns von unseren Erkrankungen befreien sollen. Betrachten wir die Herkunft des Wortes „krank", so gelangen wir zum mittelhochdeutschen Wort „kranc" für „schmal, schwach", was eng verwandt ist mit dem altenglischen Wort „crincan" für „verderben, faulen".

Sind wir also krank, so hat sich unser Körper gerade mit voller Energie für uns eingesetzt, sodass er letztendlich entkräftet, eben schwach, ist. Unser Körper sorgt für unsere Seele. Er gibt uns in Gefahrenmomenten Warnzeichen, führt in Extremsituationen schützende Reflexe aus und zeigt beinahe bedingungslose Resistenz.

Ich danke meinem Körper ganz unbewusst jeden Tag dafür, dass er als mein stets treuer Begleiter die Stellung hält. Und dies trotz all der Anstrengungen, Hürden und oft nicht gerade umgänglichen Energien, mit denen ich in meiner Arbeit als Therapeut konfrontiert werde. Denn oft haben wir auch die Informationen zu verdauen, die wir über die Grausamkeiten auf unserem Planeten zu hören bekommen.

Mein Körper und ich, wir haben eine unzertrennbare, enge Beziehung zueinander und halten zusammen. Seit nun knapp drei Jahren habe ich mit meinem Körper vereinbart, dass wir kerngesund bleiben. Diese Vereinbarung haben wir bis heute eingehalten. Nicht mal ein Schnupfen konnte sich einschleichen – wir hatten ihn überwältigt, noch bevor er überhaupt einbrechen konnte. Diese klare Vorstellung ist der Schlüssel zu unserem unterbewussten Potenzial. Die Vorstellung ist der Antrieb unseres Unterbewusstseins. Die Kraft unserer Gedanken.

Diese Erkenntnis hat sich auch in der Medizin durchgesetzt. Selbst die Pharmakonzerne sind sich darüber bewusst, welche Auswirkungen unsere Gedanken haben können. Mitunter dient dies für die Medizin als Ansatz, um zu erklären, weshalb Placebo-Medikamente wirken, obschon diese keine Wirkstoffe enthalten. Auch hilft diese Einsicht Menschen dabei, sich durch die eigene, positive Vorstellungskraft von – seitens Ärzten als schwerwiegend eingestuften – Krankheiten zu befreien.

An dieser Stelle erinnere ich mich an einen Klienten, der mich aufsuchte, weil er sich selbst mit negativen Vorstellungen hypnotisiert hatte und sich nun durch meine Hypnose von diesen befreien wollte. Diese Begegnung war auch für mich sehr bereichernd. Mein Klient war Neurochirurg mit einem eigenen Institut. Er kannte das Gehirn in- und auswendig. Und dennoch formulierte er mir gegenüber die Worte: „Wissen Sie Herr Palacios, die Medizin weiß, dass jeder Mensch sämtliche Selbstheilungskräfte für alle erdenklichen Erkrankungen in sich trägt. Für alle. Man muss es nur wollen. Und man muss daran glauben können. Und die Medizin weiß es. Dennoch schaut sie weg und versucht stattdessen akribisch, die Sicherheit in den harten Fakten zu finden. Die Patienten, die nach einer Diagnose fragen, wie lange sie noch haben, sind die, die verlieren. Weil sie zu wenig Zuversicht und Wissen darüber haben, dass sie ihren Gehirntumoren den autogenen Kampf ansagen können. Und diejenigen, die sagen, dass das nächste Mal die Metastasen zurückgehen werden, sind die Gewinner. Sie sind überlegen, weil sie wissen, dass ihre Denkweise ihr Leben retten kann. Und ich weiß, dass ich nun mit Ihrer Hilfe mein Unterbewusstsein ebenso programmieren und ich so von meinem geistigen Anliegen befreit werden kann."

Bereits nach der dritten Sitzung erlebte er durch die Arbeit mit seinem Unterbewusstsein den Erfolg, den er sich gewünscht hatte. Seine Dankbarkeit erreichte mich in Schriftform, selbst während ich dieses Buches schrieb. Die Begegnung mit ihm war sehr besonders für mich und bestätigte mir meine Gewissheit, dass auch die Medizin auf unüberschaubar viele Phänomene und sprichwörtliche Wunder der Heilung keine Antworten hat. Stattdessen spricht man im medizinischen Jargon einfach von Spontanheilungen. Immer dann, wenn ein Patient trotz medizinisch fehlender Hoffnung aufgrund der Kraft der eigenen Gedanken Heilung erfährt.

Natürlich wissen wir auch, dass es genetische Grenzen gibt, die wohl leider kaum in den uns bleibenden Jahrzehnten mittels intensiver Gedankenkraft gesprengt werden können.

Und dennoch wissen wir, dass wir mittels Gedankenkraft sogar Einfluss auf unser Genmaterial nehmen können. Der größte Anteil des menschlichen Erbgutes ist nämlich „stumm", das heißt beim größten Teil unseres Genmaterials liegt vermutlich kein Informationsgehalt vor. Man spricht davon, dass dieser Teil unseres Erbgutes gemäß wissenschaftlicher Erkenntnis nicht exprimiert sei. Das bedeutet, es gibt keine konkrete Funktion, die dem entsprechenden Anteil unseres Genoms zugeordnet werden könnte.

Diese Information lässt uns im Ungewissen, was die Funktion des sogenannten „stummen Anteils" anbelangt. Zugleich aber macht sie Hoffnung. Sie macht uns Hoffnung, an ein unbeschreibliches Potenzial unseres Körpers und unseres Geistes glauben zu dürfen.

Ich persönlich schätze insbesondere das immense Potenzial, würde die Medizin sich großflächiger und auch sichtbarer für alternativmedizinische Verfahren öffnen, welche bereits vielen Menschen in Situationen helfen konnten, wo die Medizin Defizite aufweist. Ebenso sollten aber auch die Vorteile des medizinischen Wissens seitens strikt alternativmedizinisch denkenden Menschen anerkannt werden. Die alternativmedizinischen Weisheiten sollten Hand in Hand mit dem medizinischen Wissen gehen. Denn die Medizin hat durch das Wissen, durch bestimmte Technologien und exakte Vorgehensweisen Möglichkeiten, beobachtbare Hilfe anzubieten.

Wenn wir folglich eine akute Verletzung haben, so schätzen wir das Wissen der Medizin sehr, durch das eine Verschlimmerung der Verletzung verhindert und eine möglichst rasche Heilung ermöglicht werden kann.

Wenn wir jedoch von Grenzerfahrungen sprechen, so finde ich, darf sich die Medizin der Hoffnung und der Zuversicht alternativen Methoden und Verfahren gegenüber öffnen. Denn Hoffnung, Mut und Zuversicht sind die treibenden Kräfte, die aus medizinischer Sicht nicht nachvollziehbare Heilungsprozesse aktivieren können.

Wie oft schon haben sich Menschen aufgegeben, weil die Diagnose eines Arztes derart niederschmetternd war, dass kein Platz mehr für Hoffnung und Zuversicht war. Wie oft schon wurden Autopsien durchgeführt, bei denen man herausfand, dass die Verstorbenen gar nicht einer Erkrankung erlegen sind, sondern sich einfach aufgegeben haben, weil die Fehldiagnose, die sie bekommen hatten, derart hoffnungslos und zerstörerisch war.

Glauben wir ausschließlich der medizinischen Perspektive und lassen uns förmlich von in den Raum geworfenen Diagnosen beirren, so laufen wir Gefahr, unsere Hoffnung und Zuversicht zu opfern.

Ich kenne einige Menschen in meinem Umfeld – nicht zuletzt durch meine Tätigkeit als Therapeut –, die den ärztlichen Diagnosen keinen Raum gegeben beziehungsweise diese kritisch hinterfragt haben, und die letztendlich medizinische Wunder erleben durften.

Besonders heikel finde ich die zu rasche, ärztliche Formulierung psychischer Krankheitsbilder. Denn viel zu viele Menschen glauben, Ruhe und Gewissheit darin finden zu können, wenn man ihnen für ihre Ängste und Sorgen eine psychiatrische Diagnose an die Hand gibt. Jedoch beginnen diese Menschen von diesem Zeitpunkt an, sich selbst einzureden, sie seien krank. Demnach wäre der größte Teil unserer Weltbevölkerung psychisch krank. Nein wir alle wären psychisch krank. Alle. Denn jeder kennt Stimmungsschwankungen. Jeder kennt Antriebslosigkeit. Jeder hat auch in gewissem Sinne irgendwo eine so genannte Neurose: eine leichtgradige psychische Störung. Die einen haben Macken, welche man als Zwangsstörungen deuten könnte. Andere haben gewisse Phobien und Ängste, welche als Angststörungen gedeutet werden könnten.

Natürlich schließe ich hierbei nicht aus, dass es Hirnerkrankungen gibt. Dennoch zweifle ich bewusst und ganz deutlich an der Legitimität von vielen psychiatrischen Diagnosebildern.

Als Hypnosetherapeut habe ich die Erfahrung gemacht, den betroffenen Patienten aufzeigen zu können, dass bestimmte Diagnosen für psychische Störungen keine exakte Wissenschaft repräsentieren können und dass sich die Patienten früher oder später psychisch wieder wohl fühlen können.

Hierbei spreche ich nicht von über Jahre bestehenden, tief sitzenden Störungen – sondern von Diagnosen, die Menschen darin hindern, auf ihre Stärken, ihre Zuversicht und ihre Hoffnung zurückzugreifen. Menschen, welche eigentlich viele autogene Fähigkeiten und Energien in sich hätten. Denen aber durch die Diagnose ein Strich durch die Rechnung gemacht wird. Weil diese Diagnose – je nachdem wie sie konkret kommuniziert wird – entmutigt und den Anschein erweckt, als hätte eine Erkrankung des Gehirns die Vorherrschaft ergriffen.

Es gibt Menschen, die nach einer Querschnittlähmung wieder gehen können. Es gibt Menschen, welche trotz Metastasen den Krebs besiegen. Menschen, die Autoimmunerkrankungen den Rücken kehren. Und Menschen, welche eine Krankheit überwinden, noch bevor sie diese überhaupt bemerken konnten.

Ich zähle eine Vielzahl von Ärzten und Chirurgen zu meinen Klienten, Seminarteilnehmern und sogar Auszubildenden. So durfte ich auch schon Ärzte und Zahnärzte in der Materie der Hypnose unterrichten, und ich habe in diesem Rahmen einstimmig die Gewissheit bestätigt bekommen, dass die Medizin weiß, dass mehr möglich ist, als in den Lehrbüchern steht.

Sollten wir folglich, aus welchem Grund auch immer, organische Leiden haben, so darf ich an dieser Stelle Mut machen. Den Mut zur Zuversicht. Der Zuversicht, dass der Körper sämtliche Selbstheilungskräfte in sich trägt, um Knochen wieder zusammenwachsen zu lassen, angeblich abgestorbene Nerven wieder nachwachsen zu lassen, das Immunsystem mittels Vorstellungskraft zu stärken, bis hin zu anatomischen Veränderungen. Veränderungen im Gehirn, im Gewebe, in jeder Zelle unseres Körpers. Denn jede Zelle ist ein Teil von uns. Jede Zelle spiegelt unser Ich wider. Schaffen wir den Bezug zu uns und lassen die Selbsthilfe zu, so können wir die Kraft unserer Gedanken am eigenen Leibe erfahren.

Wenn wir in unserem Körper etwas verändern möchten, empfehle ich, dass wir mit geschlossenen Augen den Fokus auf den Bereich unseres Körpers lenken, an dem wir eine Veränderung wahrnehmen möchten. Dabei hilft es sich vorzustellen, wie wir mit unseren Augen an diese Stelle unseres Körpers gelangen und so genau hinschauen können, was sich im Körper verändert, wenn wir mittels Gedankenkraft unsere Energie dorthin lenken. Wir wissen, dass Gedanken auch eine Form von Energie darstellen, und wir wissen, dass wir unseren Körper mittels Gedankenkraft beeinflussen können. Untersuchungen ergaben, dass wir das Immunsystem mit den eigenen Gedanken stärken können. Wir wissen, dass, wenn wir uns in eine schöne Vorstellung begeben, Glückshormone ausgeschüttet werden. Und wir wissen, dass wir, wenn wir über glühend heiße Kohle laufen, die Ausschüttung von körpereigenen Botenstoffen so regulieren können, dass wir keine Brandblasen bekommen. Verwenden wir also unsere Vorstellungskraft, so ist es möglich unseren Körper mittels dieser positiven Energie, mittels Ausschüttung von Hormonen und Botenstoffen positiv zu beeinflussen.

Lenken wir mit geschlossenen Augen unsere Aufmerksamkeit auf eine bestimmte Stelle in unserem Körper, so verändert sich die subjektive Wahrnehmung hinsichtlich dieser Körperstelle. Tun wir dies am einfachen Beispiel der Hand, so können wir, wenn wir unsere Augen schließen und unsere volle Aufmerksamkeit auf eine unserer beiden Hände lenken, feststellen, dass sich diese Hand auf einmal ganz anders anfühlt, desto länger und intensiver wir uns darauf fokussieren. Vielleicht beginnt es in der Hand zu kribbeln, oder man fühlt ein Prickeln. Vielleicht fühlt sich die Hand mit der Zeit auch schwer oder ganz leicht an. Vielleicht wird sie übersensibel oder vielleicht fühlt sie sich mit der Zeit auch ganz taub an. Ein Wissen, welches beispielsweise Menschen nutzen, die in Eiswasser schwimmen und so eine ganz andere Wahrnehmung des eiskalten Wassers haben. Diese Schwimmer sind autosuggestiv genau in der Vorstellung, die ihrem Körper erlaubt, das Wasser als angenehm oder erfrischend zu empfinden, aber auf keinen Fall als unerträglich kalt.

Wenn wir also unseren Fokus auf den Bereich in unserem Körper richten, den wir beeinflussen wollen, und wir die neue Wahrnehmung empfinden, so sollten wir just in diesem Moment auch die Vorstellungen verinnerlichen, die wir uns wünschen. Wer sich also wünscht, dass ein Knochen zusammenheilt, soll genau in diese Vorstellung gehen. Wer sich wünscht, dass Haare nachwachsen, soll genau in diese Vorstellung gehen und fühlen, wie die Haarwurzeln angeregt werden und neue, frische Haare nachwachsen. Wer sich wünscht, dass ein Organ heilt, soll in die Vorstellung des genesenden Organes gehen.

Eine Übung, mit deren Hilfe Zahnfleisch nachwächst, Haare dort nachwachsen, wo sie ausgefallen zu sein schienen, Knochen schneller zusammenwachsen, als die Medizin es erwarten würde, und Menschen schneller wieder gesund werden, als es die Statistik besagt. Eine Übung, mit der meine Klienten genau solche „Wunder" erleben durften – was für mich heute eine Selbstverständlichkeit darstellt, obwohl auch ich erst in dem Moment daran glaubte, in dem ich es erstmals am eigenen Leibe erfahren durfte.

Als ich diese Übung mit dem inneren Fokus zum ersten Mal durchführte, war ich völlig sprachlos. Es verblüffte mich, dass sich meine Wahrnehmung im Körper in diesem Moment derart grundlegend verändern konnte. Doch als ich feststellte, dass sich die Stelle meines Körpers auf einmal ganz anders anfühlte, nur weil ich ihr meine volle Aufmerksamkeit geschenkt hatte, wusste ich, dass ich soeben in meinem Körper etwas bewirkt haben musste. Andernfalls hätte ich ja keine Veränderung wahrgenommen.

185

Heute empfehle ich diese Übung all den Menschen, die verstanden haben, dass Gedanken eine Form von Energie sind. Und dass Aufmerksamkeit ein Wort ist, das für mich in goldenen Buchstaben geschrieben werden müsste. Denn alles in unserer Natur sehnt sich nach Aufmerksamkeit. Jeder Baum, jede Pflanze, jede Blume möchte die Aufmerksamkeit der Sonne. Jedes Haustier blüht auf, wenn man diesem die Aufmerksamkeit gibt, die es braucht. Jeder Beziehungspartner, jeder Mitarbeiter, jedes Kind braucht Aufmerksamkeit, um blühen zu dürfen. Die Aufmerksamkeit lässt uns blühen. Aufmerksamkeit ist eine Form der Dankbarkeit. Geben wir folglich unserem Körper oder dem Teil unseres Körpers die Aufmerksamkeit, die er braucht, so wird er blühen, weil er die Dankbarkeit erfährt, die ihn blühen lässt. Denn gar oft streikt unser Körper auch nur, weil er nicht die Aufmerksamkeit bekommen hat, die er eigentlich verdient hätte. Dabei darf auch die Medizin unterstützen, solange uns diese unsere Urteilsfähigkeit lässt. Wenn ein Leiden unseres Körpers durch die operative Entfernung eines defekten oder kranken Teiles gelindert werden kann, so können wir mit der Operation unseren Körper entlasten und ihm die Freiheit zum Blühen zurückgeben, indem wir ihn von dem befreien, was ihm zur Last fällt. Das ist in etwa so, als würden wir uns von ganz schweren Stiefeln befreien, und wieder schnell und dynamisch laufen können. Tanzen können. Springen können. Schwimmen können. Fahrradfahren können.

Medikamente, Heilmittel dürfen die Stützräder unseres Fahrrades sein. Jedoch müssen wir uns allein auf das Fahrrad setzen und wieder den Mut fassen zu fahren. Das Schöne daran ist: Fahrradfahren werden wir ein Leben lang nicht verlernen.

Anleitung zur Übung: Den Körper durch Aufmerksamkeit erblühen lassen

Bevor wir unseren Körper mit unserer Gedankenkraft bereichern können, müssen wir uns zunächst bewusst machen, wie der Wunschzustand in unserem Körper oder in einem Bereich unseres Körpers genau aussieht.

Ein idealer Zeitpunkt für diese Übung ist der Moment, bevor du abends einschläfst, da wir davon ausgehen, dass unser Unterbewusstsein im Zustand leichter Schläfrigkeit empfänglicher ist als im bewussten Wachzustand.

1. **Augen schließen**
   Lege oder setze dich irgendwo hin, wo du dich wohlfühlst und wo du dich entspannen kannst.

2. **Fokus setzen**
   Setze den Fokus auf den Bereich in deinem Körper, den du mit deinen Gedanken beeinflussen möchtest.

3. **Veränderte Wahrnehmung**
   Fühle, wie sich die Wahrnehmung an dieser Stelle sehr schnell ändert. Möglich ist ein Prickeln, ein Kribbeln, eine Schwere, eine Leichtigkeit, eine Sensibilität, eine Taubheit und alles, was deine Gefühlswahrnehmung zusätzlich zulässt.

4. **Vorstellung verwenden**
   Nutze nun deine Vorstellungskraft, um im Zustand der veränderten Wahrnehmung die Vorstellung des Wunschzustandes wirken zu lassen.

Beobachte die sichtbaren oder fühlbaren Veränderungen, die du damit in deinem Körper herbeiführen kannst.

Über-Sinnliches

Ich glaube an Übersinnliches. Aber ich glaube nicht an Über-
natürliches. Ich glaube nicht, sondern ich weiß, dass es Übersinnliches gibt. Und wir alle wissen es insgeheim, nur vergessen
wir es leider gar zu oft. Wir alle wissen, dass wir beispielsweise
elektromagnetische Strahlung – mitunter Licht – nur in einem
gewissen Spektrum mit unseren Sinnen wahrnehmen können.
Alles außerhalb des wahrnehmbaren Spektrums ist nicht mehr
mit unseren Sinnen wahrnehmbar. Folglich ist alles außerhalb
des wahrnehmbaren Bereichs übersinnlich oder außersinnlich.
Beispielsweise UV-Strahlung, Röntgenstrahlung, sowie zum
Teil auch Infrarotstrahlung und Schallwellen wie Ultraschall.
Man spricht von einem auditiv wahrnehmbaren Spektrum von
Tönen mit rund 16 Hertz bis hin zu rund 20 000 Hertz.

Vergleichen wir unsere mögliche Sinneswahrnehmung mit
der von Tieren, so müssen wir uns in bestimmten Bereichen
völlig geschlagen geben. So sagt man, dass Hunde im Umkreis
von über hundert Metern problemlos Gerüche wahrnehmen
können. Fledermäuse kommunizieren mittels Ultraschall.
Walfische kommunizieren über Hunderte von Kilometern.

Wir wissen also, dass es vieles gibt, was wir mit unseren
Sinnen nicht wahrnehmen können.

Davon gehen selbst exakte Wissenschaften aus. So fand man
im Rahmen einer Forschung unter der Führung des franzö-
sischen Physikers Alain Aspect heraus, dass sich subatomare
Teilchen in Relation zueinander bewegen, und sie dies selbst
dann, wenn man sie räumlich voneinander trennt. Das heißt,

dass wenn ein Teilchen, das sich zuvor in Relation zu einem anderen Teilchen bewegte, durch Manipulation in seiner Bewegung beeinflusst wird, sich daraufhin auch das nicht manipulierte Teilchen entsprechend bewegt. Dies lässt darauf schließen, dass Teilchen trotz räumlicher Trennung miteinander verbunden sind. So wird von Physikern sogar vermutet, dass es eine Größe in unserem Universum geben könnte, die schneller ist als Licht – was erklären könnte, weshalb ein Teilchen, welches Kilometer vom anderen Teilchen entfernt ist, weiß, was das andere Teilchen gerade tut. Die Wissenschaft weiß also, dass es Regeln und Größen gibt, die uns noch verborgen sind. Regeln und Größen, die uns, wenn wir sie verstehen würden, erklären könnten, weshalb das eine subatomare Teilchen weiß, was das andere Teilchen soeben tut, welches doch Kilometer weit entfernt ist. Und dennoch wundern wir uns, wenn wir an einen anderen Menschen denken und dieser just in diesem Moment anruft. Einige Wissenschaftler haben aufgrund dieser Erkenntnisse auch bereits die Existenz von Paralleluniversen in Betracht gezogen und versucht, dies wissenschaftlich herzuleiten.

Beobachten wir solche physikalischen Phänomene, so haben wir scheinbar noch nicht die nötige Auffassungsgabe oder die dafür notwendigen Instrumente, um das, was wir sehen, verstehen zu können. Geschweige denn, dass wir diese Phänomene überhaupt sehen können. Dennoch müssen wir verstehen, dass Dinge, die wir nicht mit eigenen Augen sehen oder mit eigenen Ohren hören können, Teil unserer Natur sind. Nicht nur das, was wir sehen können, entspricht der Natur. Sondern auch all das, was unseren Sinnen verborgen bleibt.

Wir wissen folglich, dass außergewöhnliche Dinge für die Natur ganz normal zu sein scheinen. Sie wirken für uns nur so außergewöhnlich, weil sie eben außersinnlich sind – unsere Sinne können sie nicht wahrnehmen.

Es gibt Menschen, welche für uns „übernatürliche" Fähigkeiten zu haben scheinen – letztendlich können wir diese Fähigkeiten aber nur über unsere Wahrnehmung nicht verstehen. So gibt es beispielsweise Menschen, welche die längsten, mathematischen Aufgaben schneller rechnen können als sämtliche Rechenmaschinen dies können. Menschen, die in wenigen Sekunden sagen können, welcher Wochentag jeder einzelne Tag unseres Kalenders gewesen sein muss.

Es gibt blinde Menschen, die Farben mit ihren Fingern sehen können. Und es gibt gehörlose Menschen, die Töne und Worte fühlen können.

Auch in unserem Alltag erleben wir scheinbar „Übersinnliches", beispielsweise wenn wir in ein Blumengeschäft oder zu einem Konzert gehen. Gehen wir in ein Blumengeschäft, so können uns die im Blumengeschäft arbeitenden Menschen, die sich sehr intensiv mit den Blumen unserer Erde beschäftigt haben, eine ganz eigene Welt aufzeigen. Blumenverkäufer, die ein Wissen über jede einzelne Blume haben, das uns vielleicht bislang verborgen geblieben ist, weil wir unsere Sinne und unseren Geist darin noch nicht geschult haben.

Würde man uns mit verdeckten Augen an einer Blume schnuppern lassen, so könnten wir wohl kaum die Blume am Geruch erkennen. Floristinnen und Floristen aber können dies.

Ähnlich verhält es sich wenn wir zu einem Konzert gehen. Wer sich nicht selbst musikalisch sensibilisiert hat, wird wohl kaum ein gestimmtes Konzertpiano von einem nicht gestimmten Piano unterscheiden können. Für den Pianisten jedoch, der sein Gehör auf die Wellen jedes einzelnen Tones sensibilisiert hat, ist der Klang einer nicht gestimmten Taste Welten von dem einer gestimmten Taste entfernt.

Wir wissen also, dass wir, wenn wir uns in einem bestimmten Gebiet über längere Zeit sensibilisieren, wir in diesem Gebiet förmlich übersinnliche Fähigkeiten und Erkenntnisse erlangen. Übersinnlich deshalb, weil sie mit der sinnlichen Wahrnehmung der meisten Menschen, die darin nicht sensibilisiert sind, nicht zu erfassen sind.

Dieser Fähigkeit, sich auf gewisse Wahrnehmungen spezialisieren und sensibilisieren zu können, hatte mir mein Unterbewusstsein förmlich unwillkürlich aufgeschwätzt: Als am 1. März 1995 unser Leben derart aus den Fugen gerissen wurde, muss sich mein Unterbewusstsein in eine tiefe Angst begeben haben, die meine Wahrnehmung und mein Verhalten maßgebend veränderte. Mein Unterbewusstsein lernte durch diesen einschneidenden Tag, dass auch ein Moment, der friedlich und gewöhnlich zu sein scheint, insgeheim eine Gefahr in sich bergen kann. Eine Gefahr, die unser Leben und das der Menschen, die wir lieb haben, tiefgründig negativ verändern kann. So wollte mein Unterbewusstsein das Leben, das mich umgab, von nun an tief analysieren und kontrollieren, um mögliche Gefahren bereits vorab erkennen zu können, noch bevor sie mich oder meine liebsten Menschen treffen konnten. Ich begann, die Menschen zu lesen. Ich begann zu verstehen, dass man mehr Informationen erhalten kann, als uns unsere Sinne zu geben scheinen. Wenn unser Familienhund Enzo meine Wange dann ableckte, wenn ich traurig war, obschon ich mir dies nicht anmerken ließ, bewies er mir, dass es eine Form der Kommunikation gibt, die den Menschen meist verborgen zu sein scheint.

Und so war es unter anderem Enzo, der mein Verlangen erweckte, dieses Übersinnliche verstehen zu können. Bis ich dann letztendlich lernen wollte zu zaubern. Die Menschen mit der Übersinnlichkeit – mit Illusionen, die die Logik der Sinne sprengen – verblüffen wollte. Bis ich dann den Weg zum Mentalismus fand, der mir aufzeigte, welche „übersinnliche" Kraft in unseren Gedanken steckt. Wie man Gedanken sichtbar machen kann – über den Körper, über die nonverbale Kommunikation, aber auch über Sprachmuster und andere Verhaltensweisen. Bis ich letztendlich den Weg fand zur Hypnose, welche sich mit materiell nicht sichtbaren Heilungsprozessen befasst, die in unserem Unterbewusstsein wirken.

Wir dürfen uns gerne etwas stärker bewusst werden, dass es eine Kommunikation geben kann, die man nur fühlen und mit bestimmten Gedanken bewirken kann. Es gibt eine Auswirkung unserer Gedanken auf das, was uns selbst betrifft, und auf das, was uns umgibt. So hat beispielsweise ein Experiment des japanischen Parawissenschaftlers Dr. Masaru Emoto an Reiskörnern aufgezeigt, dass wir allein mit unserer Gedankenkraft deren Qualität beeinflussen können. Dabei hat man drei Schalen mit Reis und Wasser gefüllt und jeder Schale getrennt voneinander jeden Tag etwas Bestimmtes gesagt. Der einen Schale hat man gedankt. Die andere Schale hat man beschimpft. Und die dritte Schale hat man ignoriert. Nach nur einem Monat hat man festgestellt, dass der Reis, dem man gedankt hat, schmackhaft blieb, während der Reis, den man beschimpft hat, schwarz wurde. Der Reis, der ignoriert wurde, begann zu faulen. Ein Experiment, das erklärt, weshalb Blumen blühen, wenn man ihnen die Aufmerksamkeit und Dankbarkeit gibt, die sie blühen lässt. Und ein Experiment, das uns erklärt, weshalb mitunter Organe in unserem Körper förmlich zu faulen beginnen können, weil sie gnadenlos über die körpereigenen Grenzen ignoriert werden und nicht die Dankbarkeit bekommen, die sie verdient haben. Letztendlich können wir uns auch nur dann übersinnlichen Wahrnehmungen stellen, so lange unser Körper als Instrument der Wahrnehmung auch mitmacht.

Deshalb ist wichtig, dass wir unserem Körper die Gewissheit geben, dass wir ihm danken, dass er uns stets vor Krankheiten fernhält. Dass er Schlafmangel, Übergewicht, Stress und all die Unannehmlichkeiten bedingungslos toleriert und für uns alles managt, sodass wir uns darauf konzentrieren können, uns glücklich zu machen und die Welt zu bereichern. Denn wenn wir glücklich sind, ist dies unser Körper unwillkürlich auch.

Die einen haben eine Art unbewusste Dankbarkeit, die sie ihrem Körper geben, ohne dass sie diese Dankbarkeit bewusst empfinden oder gar aussprechen müssten. Anderen hingegen hilft es, wenn sie ihre Dankbarkeit dem Körper gegenüber entweder mit bewussten Gedanken ausdrücken oder diese sogar mit hörbarer Stimme aussprechen. Ganz unwichtig, ob wir dem Körper täglich, wöchentlich, monatlich oder jährlich danken – selbst eine sich jährlich wiederholende bewusste oder unbewusste Dankbarkeit zeigt ihre positive Auswirkung. Die Frequenz muss dabei nicht entscheidend sein.

Das Reisexperiment von Dr. Masaru Emoto zeigt uns auf eine einfache und sehr direkte Art, wie sich unsere Gedanken und unsere Dankbarkeit sichtbar auswirken. Ein Experiment, das jede und jeder von uns ganz einfach nachmachen kann und das in einer erschreckenden Direktheit aufzeigt, dass unsere Gedanken wirken, selbst wenn wir sie nur denken, sie aber nicht sehen können.

Wir alle haben die Fähigkeit zu denken. Eine Fähigkeit, die uns mehr ermöglicht, als uns im Alltag bewusst zu sein scheint. Wir wissen anhand von Experimenten und Studien, dass die Gedankenkraft Dinge verändern kann. Etwas, das mit Menschenaugen ersichtlich, jedoch wissenschaftlich nicht zu erklären ist.

Wer also die Welt von der Seite betrachtet, wie er sich diese wünscht, wird wahrscheinlich erfahren dürfen, dass die Gedanken auf einmal wahr werden können.

Denke dir ganz fest das, was du dir wünschst. Denn sobald ein Gedanke da ist, wirkt er. Unwillkürlich. Denke das, was du dir wünschst, und du wirst die positive Auswirkung deines Gedankens fühlen können. Glaube an deine Fähigkeiten. Denn auch du hast sie. Du darfst den Mut haben, sie zu fühlen und zu leben.

Rasieren, duschen und Haare waschen

Täglich gehen wir unserer Reinlichkeit nach. Wir duschen uns, waschen die Haare, rasieren uns und ziehen uns frische Unterwäsche und Klamotten an. Die Reinlichkeit gibt dem Menschen ein Gefühl der Klarheit, der Gesundheit und des Wohlbefindens.

Ein psychologischer wie pädagogischer Grundsatz besagt, dass innere Ordnung auch zu äußerer Ordnung führt – und äußere Ordnung folglich zu innerer Ordnung führt. Dies erklärt auch, weshalb wir uns dann wohlfühlen, wenn wir in unserer äußeren Ordnung den Überblick wahren können und wir Raum haben, uns zu entfalten und zu verwirklichen. Deshalb räumen wir zu Hause auf, wischen den Boden, staubsaugen, räumen den Schreibtisch auf, waschen den Wagen, trennen den Abfall, räumen die sauberen Klamotten in den Kleiderschrank und werfen die schmutzigen Sachen in den Wäschekorb.

Natürlich brauchen wir auch Raum und Zeit, um die Ordnung aufrechtzuerhalten – andernfalls scheinen meist andere Dinge höhere Priorität zu haben, was natürlich ebenso sein darf.

Dass wir einer grundlegenden Reinlichkeit und Ordentlichkeit in unserem Leben nachgehen, scheint für die meisten Menschen selbstverständlich zu sein. Und ein ebensolches Verständnis sollten wir dafür erlangen, dass wir auch eine Reinlichkeit unserer Gedanken schaffen möchten. Wenn wir klein sind, lehrt man uns, dass man die Hände wäscht, wenn sie schmutzig sind. Man lehrt uns, wie man Ordnung hält und dass man sich, wenn man das Kinderzimmer in ein „Erwachsenenzimmer" transformiert, von all den nun nicht mehr notwendigen Spielsachen trennen darf.

Genauso sollte man uns lehren, dass man dasselbe mit unserer Psyche tun darf. Wir dürfen unseren Geist „waschen", wenn er mit negativen, unerwünschten Gedanken verschmutzt ist. Dies tut man, indem man den Fokus auf die positiven Gedanken lenkt, bis den negativen Gedanken sämtliche Kraft entzogen ist.

Wir können Ordnung in unserem Kopf halten, indem wir lernen, Gedanken oder Situationen, die uns überfordern, innerlich zu ordnen und nach und nach anzugehen. Und wir können versuchen, die unerwünschten Gedanken zu positivieren, indem wir in diesen Gedanken den positiven Nutzen für uns und unsere Erfahrung zu erkennen lernen.

Ebenso dürfen wir uns von unserem „geistigen Kinderzimmer" trennen, indem wir all die nicht förderlichen Grundsätze und Prägungen, denen wir als Kind eine Wahrheit zugeschrieben haben, nun für unwahr erklären. Wir dürfen unserem Geiste erklären, dass es richtig ist, sich von all den unwahren Gedanken zu verabschieden. Gedanken wie dem, dass man in der Schule gemobbt wurde, weil man angeblich weniger wert sei. Oder Gedanken wie dem, dass man nicht genüge, wenn man keine guten Noten schreibe. Dem ist nicht so. Dies sind Illusionen unseres Geistes. Illusionen, die unser Geist schuf, weil er dieses Gefühl vermittelt bekam. Doch sobald wir lernen, unserem Unterbewusstsein mit unserer Vernunft aufzuzeigen, dass all dies nicht stimmt, haben wir den ersten Schritt getan, um die ungewollten Prägungen beiseitezuräumen. So als würden wir als Jugendliche all unsere Spielsachen, die wir nun nicht mehr brauchen, in eine große Kiste werfen. Eine Kiste, in die wir all das werfen, was wir nicht mehr wollen.

Wir dürfen uns also mindestens ebenso viel Zeit für unsere geistige Ordnung nehmen, wie wir uns dies für unsere physische Ordnung erlauben. Dabei gilt es zu verstehen, dass wir uns nicht selbst den Druck machen müssen, möglichst reine Gedanken zu haben. Denn die gedankliche Reinlichkeit besteht nicht darin, dass wir möglichst nie wieder negative Gedanken haben. Sondern es geht vielmehr darum, wie wir damit umgehen, sobald die unerwünschten Gedanken präsent sind.

Es ist vergleichbar mit dem physischen Schmutz: Wir können nicht verhindern, dass sich Staub bildet. Wir können nicht verhindern, dass wir unsere Kleider durchschwitzen. Wir können nicht verhindern, dass der Wagen schmutzig wird. Denn wir können weder die Staubbildung, noch die Schweißproduktion, noch den Schmutz auf der Straße verhindern. Doch wir können diesen beeinflussen, sobald er ersichtlich wird. Wir können dann für Reinlichkeit und Ordnung sorgen und lernen dabei mehr und mehr. Wir lernen Grundsätze, die wir wohl kaum gelernt hätten, hätten wir nicht selbst einen Putzlappen in die Hände genommen.

Haben wir uns also mit unangenehmen Gedanken befasst, so lernen wir, wie wir dafür sorgen können, dass wir uns in der Ordentlichkeit und Reinlichkeit unseres Geistes weiterhin frei, wohl und sicher fühlen dürfen.

Gar oft haben wir das Gefühl, dass die physische Unordnung zu Hause mal wieder zu groß ist – bis wir beginnen, aufzuräumen, und bemerken, dass nur wenige Handgriffe wieder für eine wohlige Atmosphäre sorgen können.

Das ist beinahe wie mit unseren Gedanken: Einige Gedanken sehen fürchterlich bedrohlich aus, bis man sich ihnen nähert, sie genau anschaut und sie ausspricht. Spricht man folglich all den geistigen Schmutz aus, der uns in unserem Geist stört, so können wir verspüren, wie heilsam und befreiend allein schon nur die Aussprache sein kann. Selbst dann, wenn es bloß ein Gespräch mit uns selbst ist. Und die unerwünschten Gedanken ganz einfach wie große Seifenblasen zerplatzen. Seifenblasen, die so enorm groß aussahen, jedoch innerhalb weniger als einer Sekunde einfach zerplatzen und verschwinden. Und das Einzige, was sie hinterlassen, ist die Ruhe, die Erleichterung und den Raum, um zu wachsen.

Unser Hollywood-Film

Unser Leben ist wie ein guter Hollywood-Film. Es lockt die Menschen ins Kino. Es zaubert den Menschen ein Lächeln auf die Lippen, sorgt für Spannung, Drama wie aber auch für Tränen der Trauer und Tränen der Freude. Ein guter Hollywood-Film hat von all dem etwas mit dabei. Und jeder gute Hollywood-Film weist eine Dramaturgiekurve auf.

Wie langweilig wäre wohl ein Film, der ausschließlich aus positiven, von keinen Spannungen gezeichneten Szenen bestünde.

In einem guten Hollywood-Film gibt es alle Emotionen: Freude, Trauer, Wut, Angst, Zweifel, Hoffnung und Liebe. Und genauso darf auch unser Leben aussehen.

Das Tolle daran ist, dass jeder Einzelne von uns ganz frei bestimmen darf, wie die Protagonisten, nämlich wir selbst, in den entsprechenden Szenen reagieren. Wie wir denken, was wir sagen und wie wir handeln. Wir sitzen auf dem Regiestuhl und stehen zugleich vor der Kamera. Wir sind Regisseure und Starbesetzung in einem.

Natürlich könnten unsere Dreharbeiten durch einen nicht mehr enden wollenden Regenschauer gehindert werden. So könnten wir mit unserem gesamten Team im Trockenen warten, bis der Niederschlag ein Ende nimmt. Doch wir könnten als kreative Regisseure auch die vorhandene Energie nutzen, um die Szene anders laufen zu lassen, als sie im Drehbuch steht, und mit dem Regen eine Szene schaffen, die Emotionen enthält, die nur dank des Regens so möglich sind. Bilder, die überzeugen. Bilder, die fesseln.

Der Film unseres Lebens darf Glück wie Unglück, Freude wie Trauer, Wut genauso wie Liebe enthalten. Diese Dramaturgiekurve verleiht unserem Film eine Moral. Sie verleiht unserem Film eine Botschaft. Eine Botschaft, die anderen Menschen Ruhe, Frieden und Gelassenheit spendet. Ein Film, der sich von anderen Filmen abhebt. Ein Film, der fasziniert, den man achtet und von dem man spricht.

Am Anfang war der Kieselstein

Wir alle gehen unseren Weg. Wir gehen über Stock und Stein, bergauf und bergab. Wir erklimmen den Gipfel und wir steigen ins Tal. Wir entdecken Tiere, Pflanzen, Freunde, Ängste, Sorgen, Zweifel und Hoffnung. Wir erleben Regen mal als hindernd, mal als wohltuend erfrischend. Wir erleben Blitz und Donner mal als furchteinflößend, und mal gibt uns das von imposanten Tönen begleitete Lichtspiel das Gefühl, nicht allein zu sein. Mal wirkt die Sonne schweißtreibend ermüdend, mal spendet sie uns Wärme und gibt uns Geborgenheit. Wir dürfen die Erfahrungen auf unserem Lebensweg als Erfahrungen ansehen, die immer auch eine wertvolle Botschaft in sich tragen. Und unser Weg scheint, soweit wir sehen können, nicht zu enden.

Oftmals glauben wir, dass wir, um auf unserem Weg noch glücklicher und zufriedener zu werden, sehr schnell in die Veränderung gehen müssen, sobald etwas nicht so ist, wie wir uns dies im Grunde wünschten. Dies kann wahrhaftig so sein: Eine Veränderung kann ganz andere Gefühle mit sich bringen. Aus meiner Perspektive sollte die Veränderung allerdings an allererster Stelle in uns, und nicht um uns herum, stattfinden. Nur dann kann sie zu nachhaltiger Sicherheit und Gelassenheit in uns führen. Natürlich gibt es gewisse Dinge, Menschen, Arbeitgeber oder sonstige Faktoren, die uns umgeben und die uns ausschließlich zu hindern oder zu schaden scheinen. Und selbstverständlich macht es in solchen Fällen Sinn, eine Veränderung anzustreben, wenn unser Wille uns dies so sagt.

Eine solche Situation ist vergleichbar mit einem Kieselstein in unserem Schuh. Wir können noch so lange versuchen, den Schmerz wegzudenken oder anders zu gehen, damit der Kieselstein uns nicht derartige Schmerzen verursacht: Der Stein hindert uns trotzdem daran, die Umgebung zu genießen. Er hindert uns daran, rennen aber auch schmerzfrei gehen zu können. Da macht es einfach Sinn, auf unserem Weg irgendwann mal Halt zu machen, den Schuh auszuziehen, umzudrehen, wieder anzuziehen und weiterzugehen. In solchen Momenten macht es keinen Sinn, sich von einem Kieselsteinchen gefangen halten zu lassen – sich selbst einzusperren und sich daran zu hindern, das volle Potenzial des Lebens auszuschöpfen.

Anders sieht es jedoch aus, wenn wir uns nicht an der uns begleitenden Sonne zu erfreuen wissen und uns überall nur von Schatten verfolgt sehen. Da macht es keinen Sinn, den Schatten mit allen Reflektionsmöglichkeiten des Lichts eliminieren zu wollen – denn er wird immer da sein. Da macht es Sinn, die Veränderung nicht außen herbeizuführen, sondern an allererster Stelle in sich drin. Und wenn die Veränderung in uns vorangeht, so erkennen wir, dass sich die Welt um uns herum völlig verändert. Positiv verändert. Haben wir also ständig irrationale Ängste, unbegründete Sorgen, immer dieselben Schwierigkeiten, oder bleiben wir scheinbar immer an derselben Stelle stehen, so kann der Blick nach innen meist mehr verraten, als jeder Zeigefinger nach außen dies kann.

Stehen wir also auf unserem Lebensweg zum wiederholten Mal vor einem großen Berg und fürchten uns, diesen zu erklimmen, so könnten wir – von der Angst geführt – diesen Berg umgehen, oder gar eine völlig neue Route oder ein neues Ziel wählen. Wir könnten jedoch auch unserem ursprünglichen Willen folgen. Nämlich dem Willen, in diese Richtung gehen zu wollen und das ursprünglich anvisierte Ziel auch zu erreichen. So können wir in uns hineinblicken und uns mit unserer eigenen Angst konfrontieren. Wir können neue Perspektiven erlangen und uns sogar auf dem Gipfel des Berges in Geborgenheit und Sicherheit sehen. Wie man früher auch die Festungen auf Bergen und Hügeln erbauen ließ – was der Besatzung Überblick, Sicherheit und Distanz ermöglichte. Ebenso könnten wir in uns eine Veränderung in unserer Denkweise herbeiführen, die es uns ermöglicht, uns von unserem Ziel nicht abhalten zu lassen. So erklimmen wir letztendlich den Berg und genießen oben angekommen die sensationelle Aussicht. Oben angekommen können wir unsere Festung bauen. Wir können das Bewusstsein und den Stolz in uns, unserer eigenen Angst den Rücken gekehrt zu haben und dem Willen gefolgt zu sein, genießen.

Eine Erfahrung, deren Wert in Worten nicht zu beschreiben ist.

Folge deinem Willen.

Lass dich einfach geschehen.

Und genieße den mit Einsicht gefundenen Weg in die Gelassenheit.

Mein Dank

An dieser Stelle möchte ich meine Dankbarkeit dem Leben gegenüber ausdrücken – dem Leben, das es mir ermöglicht hat, meine Schwächen zu trösten und meine Stärken zu fördern. Ein Leben, das es mir an dieser Stelle ermöglicht hat, meine Perspektiven und Worte, mit denen ich meinen Klienten in meinen Therapiesitzungen helfen darf, in einem Buch zu übermitteln. Dieses Buch bedeutet mir sehr viel. Es steckt eine immense Energie darin. Eine Energie, die ich so kaum zuvor fühlte. Ich hoffe und wünsche mir, dass es mir gelang, diese Energie so auch in ihrer Authentizität zu übermitteln.

Viele Stellen in diesem Buch sollen beim zweiten Durchlesen nochmals etwas Neues offenbaren. Ich bin mir dessen bewusst, dass viele Stellen im Buch eine sehr dichte Energie aufweisen. Und bei jedem weiteren Durchlesen jener Stellen soll ein neuer Aspekt des Geschriebenen ersichtlich werden. Ich habe die Energie in meinen Worten oftmals bewusst sehr gebündelt und mit wenigen Worten dies erklärt, worüber ich ebenso im Umfang von mehreren Seiten schreiben könnte. Doch weshalb müssen wir die Praline in tausend Teile schneiden, wenn wir diese auch am Stück auf unserer Zunge zergehen lassen können.

Deshalb danke ich an allererster Stelle all meinen Leserinnen und Lesern – eure Aufmerksamkeit gibt mir Energie und Motivation, weiterhin so vielen Menschen zu helfen, wie es nur möglich sein wird. Vielen Dank für deine Offenheit, meine liebe Leserin und mein lieber Leser, neue Perspektiven erkennen zu wollen und durch deine erlangte Einsicht in die Gelassenheit für dich und für deine Umwelt nur Gutes, Freudvolles und Energievolles entstehen zu lassen.

Mit Gewissheit weiß ich sagen zu dürfen, dass mir dieses Buch nur möglich war, weil ich in einer Familie geboren wurde, die den Wert der verbindenden Familie nie verloren hat, sondern stets in einer Selbstverständlichkeit Vertrauen, Zusammenhalt und eine reinste Form der Liebe verkörpert. Ich danke meiner Mutter Beatrix Palacios (alias Mämi). Du hast uns Kindern eine bedingungslose Liebe geschenkt, uns die Angst vor dem Tod genommen, uns gestärkt, ermutigt und mit der letzten Kraft, die dir stets blieb, unterstützt. Du hast uns beschützt, für uns gelitten und gekämpft. Bis heute. Eine Energie, die nicht verloren gehen kann. Eine Energie, die wir alle nun fühlen dürfen. Ich danke dir aus tiefstem Herzen. Und ich danke auch meinem Vater, Antonio Palacios. Dein spanischer Vorname leitet sich aus dem griechischen Wort „Antonos" ab, was für „unschätzbar wertvoll" steht. Der Name „Palacios", den du uns geschenkt hast, steht für den „Palast". Du hast uns gezeigt, dass wir alle in einem immateriellen, unschätzbar wertvollen Palast des Lebens leben. In einem Paradies. Dass wir dieses nur erkennen müssen, um es auch fühlen und genießen zu können. Durch deine Liebe zu deiner Frau durften wir Kinder wachsen. Und ich wünsche mir, dass dich die Energie, durch die ich entstanden bin und die ich nun nutze, um der Welt Gutes zu tun, in irgendeiner Form erreichen wird. Danke, Papa.

Ich danke meiner gesamten Familie. Jedem Einzelnen von euch. Sancho, Carmen, Marisa, Cindy, Jasmine und Trix. Sowie den Menschen, die durch euch wachsen dürfen und die ihr liebt. Eure Kinder und eure Partner. Die Liebe zu jedem

Einzelnen von euch – und der damit verbundene Zusammenhalt – lässt uns alle weiterhin erblühen.

Ich danke dir, meinem Partner Rafael, dafür, dass du mit deiner Art meinen soliden Pol im Sturm verkörperst, und stets mit deiner Vernunft und mit deinem Lachen mich und die Menschen – wie nicht zuletzt auch unsere Kunden und Klienten – direkt im Herzen berühren kannst. „Rafael", der Heiler. Danke für alles, was du für uns alle tust.

Ich danke unserem Verlagsvertreter Joe Fuchs für die Freundschaft und den Glauben in uns, und den bedingungslosen Mut, den du uns stets zugesprochen hast. Wir danken dir aus tiefstem Herzen dafür, gemeinsam mit dir so viel Gutes bewirken zu dürfen.

Ich danke all meinen Geschäftspartnern wie Jens Herbst für die digitale Unterstützung, dem bezaubernden Duo Daniela und Piero Viscardi für die grafische Unterstützung, dem fantastischen Fotografen Remo Neuhaus für die unvergleichbaren Bilder, sowie unserer Lektorin Ulrike Gallwitz für die textliche Hilfe.

Ich wünsche uns allen, dass die Energie, die in diesem Buch gebündelt ist, auf jede und jeden von uns zurückfallen darf und uns in einer wunderbar positiven Art bereichern darf.

Ich danke allen, denen ich in irgendeiner Form zu danken habe.

Das Leben wird gut zu euch sein.

Passt auf euch auf – und denkt daran: Ihr seid nie allein.

Meine Energie

Meine Energie geht durch viele Bereiche – so biete ich einerseits Ausbildungen an, für Menschen, die selber therapeutisch tätig werden möchten. Meine Hypnosetherapieausbildungen werden vom Verband Schweizer Hypnosetherapeuten diplomiert, sowie seitens des ältesten und größten Hypnoseverbandes der Welt – National Guild of Hypnotists – zertifiziert.

In meinem Hypnose Center in Bern biete ich Therapiesitzungen an, wobei die Wartezeiten beinahe ins Unermessliche gestiegen sind. Viele Monate Wartezeit für eine Therapiesitzung für Neuklienten animierten mich dazu, vermehrt im Rahmen von öffentlichen, internationalen Veranstaltungen wie Vorträgen, Tageskursen, Workshops und Seminaren zur Verfügung zu stehen.

Mein eigens konzipiertes und ins Leben gerufenes Invaluationstherapie-Verfahren gebe ich im Rahmen spezifischer Ausbildungslehrgänge zum Invaluationstherapeuten weiter.

Außerdem bin ich im geschäftlichen Bereich stark engagiert, durch Keynote-Speeches, Schulungen von Personal oder von Entscheidungsträgern, um Vertrauen zu schaffen, sowie für interpersonale wie auch suggestive Optimierungen der Unternehmenskommunikation.

Es freut mich für jeden einzelnen Menschen, in dem ich etwas Positives verändern darf.

Sämtliche Termine sind ersichtlich auf meiner Website unter:
www.gabriel-palacios.ch

Ebenfalls bin ich den sozialen Medien angeschlossen wie beispielsweise Facebook.

Meine Firmenadresse lautet:

Palacios Relations GmbH
Rosenweg 25 B
3007 Bern
Schweiz
Tel. +41 (0) 31 371 54 02
E-Mail: info@palacios-relations.ch

Website Gabriel Palacios: http://www.gabrielpalacios.ch
Website Invaluation: http://www.invaluation.com

Invaluationstherapie

Während meinen mehreren Tausend Hypnosen, die ich durchführen durfte, verstand ich immer deutlicher, wie sich gewisse Gedankenmuster, Vorstellungen und Gefühle in unserem Unterbewusstsein bemerkbar machen. Die Erkenntnisse, welche meine Klienten zu ihren Erfolge führen durften, vereinte ich in einer ganz eigenen, neuartigen Therapiemethode: Invaluation. Das Wort „Invaluation" bildet sich aus dem lateinischen Präfix „in-" für „in, hinein" und dem Begriff „Valuation", was gleichbedeutend ist mit „Bewertung". Im Rahmen dieses Therapieverfahrens geht es darum, direkt in jene Gedankengänge der Klienten einzutauchen, die negative Gefühle bewirken, um diese Gedankengänge und Gefühle von innen, direkt im Kern – deshalb auch das Präfix „in-" – neu bewerten zu können. Hierbei machen wir uns den Vorteil neuer, positiver Perspektiven zunutze.

Im Rahmen meiner Ausbildung zum Invaluationstherapeut lernt man, völlig neue Betrachtungsweisen und Blickwinkel einzunehmen. Man erlernt Mut, Zuversicht und Selbstvertrauen zu spenden. Und man lernt Empathie und Selbstsicherheit zu gewinnen. Die Ausbildung bewirkt ganz von selbst, dass man durch die Aneignung völlig neuer Perspektiven eine grundlegende Leichtigkeit sowie ein ganz neues Verständnis von alltäglichen, geistigen Prozessen erlangt.

Die Invaluationstherapie soll es möglich machen, innerhalb kürzester Zeit Perspektiven der Gelassenheit und der geistigen Erleichterung und Freiheit einnehmen zu können, um so negative Gedankenmuster und Verhaltensmuster leichter zu gestalten. Ebenso Ereignisse, die uns verletzt und negativ geprägt haben könnten.

Die Invaluationstherapie ist mein ganzer Stolz und ich wünsche mir, dass ich damit vielen Menschen eine Gelassenheit und geistige Freiheit geben darf. Genauso wünsche ich mir, dass viele Menschen diese Therapieform erlernen und dadurch die Welt mit neuen, positiven Perspektiven bereichern werden.

Ich wünsche dir, dass bereits dieses Buch dir die wunderbaren, neuen Perspektiven aufzeigen konnte, welche in dir ein Gefühl des Verstandenwerdens ausgelöst haben. Ein Gefühl der Wärme, der Erleichterung und der Gelassenheit. Denn dies ist die Energie, die uns trägt und die uns alle unsterblich macht.

Fühle es.
Genieße es.

Du hast es verdient.

Lass dich einfach geschehen.

Inspirationen zu
fünf gesellschaftlichen Anliegen

An dieser Stelle möchte ich neue, inspirative Perspektiven zu fünf gesellschaftlichen Anliegen vermitteln. Anliegen, mit welchen ich in meinen Therapiesitzungen vielfach konfrontiert werde.

Ich habe erkannt, welche unvorstellbar positive Auswirkung eine neue Perspektive auf einen Menschen haben kann. Eine neue Perspektive kann uns Menschen das Gefühl zurückgeben, sich geschehen zu lassen und sich von dem Anliegen, das einem den Alltag erschwert, befreien zu dürfen. Die neue Perspektive kann uns dabei behilflich sein, eine Art versinnbildlichten Schalter in unserem Kopf einfach so auszuschalten.

Unser Idealgewicht

Als Therapeut habe ich erfahren, dass Gewichtsprobleme in unserer Gesellschaft hohe Aufmerksamkeit bekommen. Deshalb entwickelte ich für meine Klienten, die an Gewicht verlieren möchten, inspirierende, neue Perspektiven:

Dass Essen ist die Energie, mit der wir unseren Körper wertschätzen. Manche essen zu viel Süßes. Andere zu viel fettiges Essen oder einfach allgemein zu grosse Portionen.

Achten wir ausschließlich auf den Genuss des Essens, welches uns nicht gut tut, so stellen wir fest, dass dieser Genuss jeweils nur von sehr kurzer Dauer ist. Summieren wir alle die Sekunden, in welchen wir den Genuss verspüren, so gelangen wir beispielsweise beim Sündigen durch zu viel Schokolade auf maximal 10 Minuten Gaumengenuss täglich. Wir sollten uns dann mal vorstellen, dass dieses Verhalten vergleichbar wäre, als wenn wir Tag für Tag 23 Stunden und 50 Minuten lang in einem Freizeitpark für eine einzige Achterbahnfahrt von 10 Minuten Dauer anstehen würden. Die Warteschlange wäre so lange, dass sie bis zum Eingang des Freizeitparks reichen würde. Das hieße, wir würden unseren gesamten Tag im Freizeitpark verbringen, während das Leben außerhalb des Freizeitparks an uns vorbeiziehen würde.

Und wenn wir uns vorstellen, wie sich geschmolzene Schokolade in unserer Hand anfühlt, so können wir uns vorstellen, wie sich unser Körper fühlt, wenn wir ihm zu viel Süßes geben. Das Süße kann sich – in einer zu hohen Menge – stechend süß und klebrig anfühlen.

Wir alle wissen auch, wie es sich anfühlt, wenn wir etwas Fettiges mit den Händen essen und danach alles, was wir mit den Händen anrühren, Fettflecken hat. Stellen wir uns vor, wie sich unsere Haare anfühlen, wenn sie fettig sind – stellen wir uns vor, wie sich unsere Haut anfühlt, wenn sie fettig und talgig ist – so möchten wir dieses Gefühl keineswegs zum Preis eines Stückes Pizza haben müssen.

Wir dürfen das Gefühl genießen, unseren Magen ganz leicht halten zu dürfen und so dem Idealgewicht von Tag zu Tag immer näher zu kommen.

Wie wir besser einschlafen

Die Fehlüberlegung vieler Menschen, die Mühe haben einzuschlafen, ist die, dass man um einschlafen zu können, möglichst wenig denken müsse. Doch dem ist nicht so. Im Gegenteil. Wer einschläft, durchläuft alle Stufen der Trance. Folglich denselben Zustand wie wir ihn haben, wenn wir uns in einer therapeutischen Hypnose befinden. In diesem Zustand denken wir nicht weniger. Im Gegenteil. Wir denken sogar sehr viel. Unsere Gehirnaktivität kann selektiv erhöht sein. Deshalb dürfen wir, wenn wir einschlafen möchten, im Grunde sehr viel denken. Doch natürlich möglichst nur Positives. Zum Beispiel kann man sich vorstellen, was man in Zukunft erreichen möchte. Oder man kann sich in eine Art Fantasiewelt begeben. Und ehe man sich versieht, hat sich der Schlaf wie ein Schleier um uns gehüllt.

Unsere Schmerzen lindern

Die einen halten es kaum aus, wenn das Wasser, in welchem sie schwimmen, kälter als 21 °C ist. Andere wiederum empfinden erst ein unerträgliches Gefühl der Kälte, wenn das Eiswasser kälter als 4 °C ist.

Wir wissen, dass Schmerz subjektiv ist. Wenn wir folglich unser Schmerzbild positiv beeinflussen möchten, so schließen wir im besten Fall unsere Augen und verändern unsere subjektive Wahrnehmung dem Schmerz gegenüber. Dies machen wir, indem wir dem Schmerz ein Gesicht geben. Dafür stellen wir uns einfach vor, wie der Schmerz genau aussähe, könnten wir in unseren Körper hineinblicken und den Schmerz erkennen. Vielleicht hätte der Schmerz eine bestimmte Gestalt. Eine Form. Eine Farbe.

Alsbald wir den Schmerz identifiziert haben, verändern wir ihn in der Vorstellung. Wir ändern seine Gestalt. Seine

Beschaffenheit. Vielleicht auch seine Farbe. Und wenn wir die Augen öffnen, so verspüren wir, dass sich der Schmerz ganz anders anfühlt oder vielleicht sogar verschwunden ist.

Eine fantastische Form, das Unterbewusstsein in positiver Hinsicht zu programmieren.

Wie wir Nichtraucher bleiben

Ein Raucher, der aufhören möchte zu rauchen, sollte sich dessen bewusst werden, dass er Rauch inhaliert. Rauch entsteht nur dort, wo etwas brennt. Rauch ist für unseren Körper im Grunde sehr unangenehm und löst im Normalfall ein Alarmsignal unseres Unterbewusstseins aus, damit wir dem bedrohlichen Feuer entfliehen könnten.

Wir ekeln uns vor dem stechenden Rauch von Lagerfeuern. Dieser Rauch verdeutlicht uns, wie bitter, heiß, brennend, stickig und stechend sich Rauch eigentlich anfühlt. Nicht zu reden vom stechenden Rauch von brennendem Plastik.

Eine Studie aus Sidney an Rauchern ergab, dass rund 75 Prozent aller Raucher durch alleinige Willenskraft davon abkommen können.

Letztendlich kamen wir alle ohne Zigarette im Mund zur Welt. Und die Ruhe, die Raucher erst dann empfinden, wenn sie den ersten Zug der glühenden Zigarette inhalieren, können sie als Nichtraucher rund um die Uhr haben. Weil uns die frische Luft ein Gefühl der Freiheit geben kann, das ganz anders ist, als das Gefühl, das uns aromatisierter Rauch geben möchte.

Unser Selbstbewusstsein stärken

Wir alle haben ein Selbstbewusstsein. Denn allein schon wenn wir unser Selbstbewusstsein stärken möchten, beweist dies, dass wir uns eigentlich unseres Selbst bewusst sind. Andernfalls würden wir unserem Selbst nicht die Aufmerksamkeit geben, um es ins gestärkte Bewusstsein zu führen.

Selbstbewusst zu sein, heisst, sich bewusst zu sein, wer man ist.

Selbstsicher zu sein, heisst, sicher darin zu sein, was man denkt, was man sagt und was man tut.

Selbstvertrauen zu haben, heißt, hinsichtlich dem, was man ist und was man tut eine Ruhe und eine Gewissheit zu haben. Eine Ruhe und eine Gewissheit, dass das, was man ist und was man tut genau so richtig ist, wie es ist.

Selbstbewusstsein, Selbstsicherheit und Selbstvertrauen fassen sich in unserem Selbstwertgefühl zusammen. Unser Selbstwert verdeutlicht uns, dass unser Selbst in dessen Weise, in dessen Sicherheit und Vertrauen wertvoll ist, so wie es ist.

Um unser Selbstbewusstsein zu stärken, sollten wir uns unseren Selbstwert ins Bewusstsein rufen, indem wir unsere Augen schließen und uns an einen Moment aus der Vergangenheit erinnern, in welchem wir ganz stolz auf uns waren und Anerkennung bekamen. Wenn wir diesen Moment ganz intensiv wahrnehmen, programmieren wir unser Unterbewusstsein in dieser Hinsicht. Wir sollten uns dann in alltäglichen Situationen des Öfteren bewusst machen, dass wir derselbe Mensch sind, wie der aus jenem vergangenen, stolzen Moment.

Du darfst derselbe, stolze Mensch sein.
Weil du ein einzigartiger Mensch bist.
Weil du besonders wertvoll bist.

Lass dich einfach geschehen.

DIE SICHERHEIT IN DIR

Mein Weg zu Stärke, Halt und Leichtigkeit

„Die Mehrheit unserer negativen Gedanken und Gefühle entstehen durch rein unterbewusste Prozesse. Auf dieser Audio-CD befindet sich eine wirkungsvolle Unterstützung, selbständig mit genau diesen unterbewussten Prozessen zielgerichtet zu arbeiten – um den Weg zurückzufinden in unsere Selbstsicherheit, Zufriedenheit und Leichtigkeit." – Gabriel Palacios

Das auf dieser Audio-CD enthaltene Hypnoseverfahren ermöglicht es, negative Prägungen, Gedanken, Gefühle und Verhaltensweisen nachhaltig positiv neu zu bewerten und zu überwinden.

Audio-CD
Digipak
Dauer: ca. 40 Minuten
ISBN: 978-3-906287-02-7
Verlag: Cameo Verlag

www.cameo-verlag.com

HYPNOTISIERE MICH

Wenn Gedanken dein Leben schaffen

In diesem Buch vermittelt Gabriel Palacios Wissen darüber, wie wir Suggestionen im Alltag schneller erkennen und uns davor schützen können. Zudem zeigt er uns auf, wie wir die eigene Verwendung von Suggestionen gezielter ausbauen können. Gabriel Palacios schmückt seine Wissensvermittlung mit spannenden Geschichten von Klienten aus seiner Praxis, welche dank seiner therapeutischen Behandlung mit der Hypnose binnen weniger Sitzungen Ängste, Süchte und anderen Probleme der Lebensbewältigung nachhaltig auflösen konnten

Buch mit Schutzumschlag
240 Seiten
ISBN: 978-3-9524151-0-8
Verlag: Cameo Verlag

www.cameo-verlag.com

ENDLICH FREI!

Suggestionen für deinen Erfolg

Die vom Schweizer Hypnotiseur und Hypnosetherapeuten Gabriel Palacios aufgesprochene CD „Endlich frei!" vermittelt unterstützende Suggestionen im Kampf gegen Süchte, Ängste und weitere Probleme der Lebensbewältigung. Durch die Audio-CD wird man sanft in einen hypnotischen Zustand versetzt, in dem unserem Unterbewusstsein die Möglichkeit gegeben ist, Suggestionen effizienter und nachhaltiger aufzufassen, zu speichern und umzusetzen.

Die Session wurde von Gabriel Palacios mit sanfter, hypnotischer Stimme aufgezeichnet. In der Audio-Session werden wertvolle Suggestionen zur Stärkung und Befreiung unseres Unterbewusstseins gegeben, die unser Unterbewusstsein zielgerichtet neu und positiv prägen.

Audio-CD
Cristal-Jewelbox
Dauer: ca. 60 Minuten
ISBN: 978-3-9524151-1-5
Verlag: Cameo Verlag

www.cameo-verlag.com